AF285249

Sehr geehrte Leserinnen und Leser,

das folgende Buch „Ein Gedichtband aus dem Zauberland" ist urheberrechtlich geschützt.
Das Urheberrecht liegt bei mir Thomas Spiegl.

An einigen Stellen ist dieses Buch zu verträumt und zu liebeswert. Auch schon mal brutal lustig. Es ist ein Buch voller
Widersprüche, es dient der Aufklärung.
Ich möchte damit die von mir erfundene Wassermagie777 erklären.
Dieses Buch ist wie aus dem Nichts samt seinen schönen Gedichten entstanden und ist auf brutales unverzeihliches Leid gebaut, welches auch bedauerlicherweise von meiner Seite ausging. Mit dem Buch bitte ich um Vergebung und Wiederbelebung sage ich dann schon mal gerne. Trotz allem versucht es sich positiv mit dem Leben auseinander zu setzen und sich für die die nach mir, uns kommen einzusetzen.

Ich wünsche eine gute Unterhaltung.

Stand 9.1.2021
Thomas Spiegl
51063 Köln-Mülheim
magischer-dichter777@web.de

Impressum
Herstellung und Verlag:
BoD-Books on Demand, Norderstedt
© 2021 / Thomas Spiegel
ISBN: 978-3-7526-3883-7

001 Urheberrecht	002 … 003 Gedichtliste
004 … 008 Definition EMuS	009 … 011 Quevre Thomas Spiegl
012 symbolische magische Heilung	013 Gedicht Urknall
014 Gedicht Entstehung Menschen	015 Gedicht Homo Saphiens
016 Gedicht über die Erde	017 Gedicht Mutter sein
018 … 019 Erklärung Antigen EMuS	020 Zaubergedicht beim Zauberauftritt
021 Wahre Magie	022 Wassergedicht
023 – 025 Erklärung Wassermagie777	026 Gedicht, Geburtstag
027 Gedicht, der seelisch Kranke	028 Gedicht, Atomenergie
029 Gedicht, der Krieg	030 Gedicht, Weltmeer
031 Gedicht über Nutztiere	032 Gedicht über Drogen
033 erstes Gedicht über Geld	034 Gedicht, Kind sein
035 Gedicht über den Sinn des Lebens	036 Gedicht, Traumstern
037 Gedicht, Musik	038 wa(h)re Göttlichkeit
039 Gedicht, Helden	040 Gedicht, Dialog mit der Seele
041 Lied, wir Kinder sind Magie	042 Gedicht, der magische Code
043 Gedicht über die Schule	044 – 046 die Reise ins Zauberland
047 Gedicht, Ruhe und Stille	048 Gedicht, Heilen als Gabe
049 Gedicht, die Zeit	050 Gedicht, Wahrheit
051 Gedicht, das Lachen	052 Gedicht, Beziehungen
053 Gedicht, Humor	054 Gedicht, praktisches Gebet
055 zweites Gedicht über Geld	056 Gedichte schreiben
057 Gedicht, die Frauen	058 Gedicht, Verantwortung
059 Gedicht, Flüchtling	060 Gedicht, Rassismus
061 Gedicht, Rituale	062 Gedicht, Arbeit
063 Gedicht, Kontrolle	064 Gedicht, Glück
065 Gedicht, Motivation	066 Gedicht, Mutmacher
067 Gedicht, Egoismus	068 Gedicht, Onkologie
069 Gedicht, Loslassen	070 Gedicht, Liebe schenken
071 Gedicht, Magischer Moment	072 Gedicht, Zauberland abgebrannt
073 Gedicht, Liebe	074 Zauberland wacht auf
075 … 078 Klopapiergedicht	079 liebes Gedicht
080 Gedicht, Regenbogen	081 liebes Liebesgedicht
082 Gedicht, Prinzessinnenfieber	083 Gedicht, ewiger Kreislauf
084 Gedicht, innerer Wandel	085 Gedicht, Geburtstag Prinzessin
086 Gedicht, Königin	087 Dialog mit der Liebe

088 Gedicht, Gerechtigkeit

089 Gedicht, Freiheit

090 Heiratsantrag

091 Gedicht, Frau sein

092 ... 094 Zauberland777

Definition EMuS.
„EwigerMomentunendlicherSchönheit". 26.1.2020.
Ich habe das folgende Zeichen, Logo entworfen, um
destruktiven Symbolen etwas entgegen zu setzen.

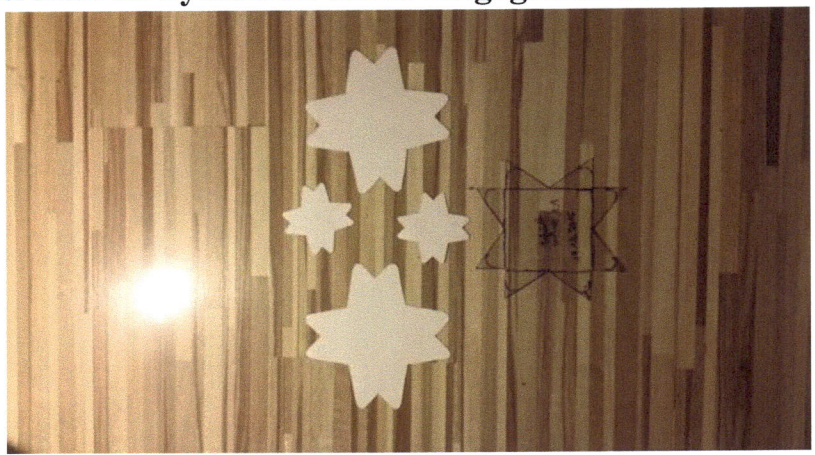

Oder etwas dafür zu tun das es besser wird. Das einfache
Hackenkreuz hat einen furchtbaren Schaden angerichtet.
Mit meinem Symbol wollte ich göttliche und menschliche
Fantasie vereinen. Die Grundform ist ein Quadrat,
menschliches Denken/ Fantasie. Es sind acht gerundete
Ecken, weil eine achtarmige Schneeflocke (diese

achteckige Struktur geht aus einer sechsarmigen hervor) symbolisch nachgeahmt werden soll, es sind die schönsten Formen, die ein Eiskristall annehmen kann. Normalweise sind diese hexagonal, also als Sechskant zu finden. Die Vollkommenen haben nicht nur sechs gleichgeformte Arme, sondern in der Mitte zusätzlich eine siebte gleichmäßige Form. Die magische Zahl "Sieben" fließt ein. Jede Schneeflocke, die seit Anbeginn der Zeit auf der Erde niederging, ist anders als die andere. Perfekte universelle Individuation. Das findet übrigens überall in der Natur satt. Ein Eiskristall ist statisch und ästhetisch perfekt. Ich habe diese Schneeflocke im Internet gesehen und war sofort fasziniert. Der Eiskristall war wie eine Säule geformt. Ich habe diesen auch in 3-D nachgebaut. Vom Himmel über meinem Bett fällt jederzeit Schnee,

siehe Foto

Als ich meine Vorlagen fertig hatte legte ich diese auf das Foto von dem Eiskristall, es fügte sich genau ein. Erst war nur der Umriss da, anschließend fügte ich das Zeichen gedreht in sich ein.
Es waren nun zwei Ebenen ohne Farbe.

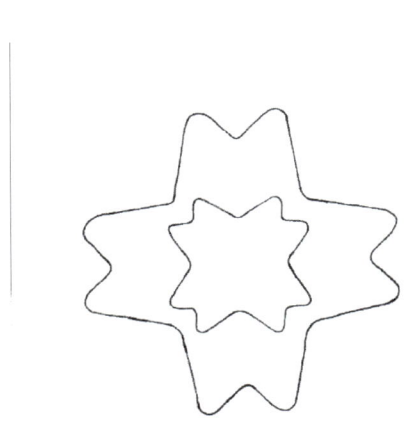

Ein siebenjähriger Junge hat das Symbol anschließend ausgemalt.

Es entstand ein, mein Zauberlogo für Kinder.

Ich konstruierte dann das Zeichen am PC. Jetzt bekam es 7 Ebenen und die Grundfarben, aus denen man alles herstellen kann. Die kleinste Ebene steht für das kleinste Kleine, die Ub und Down Quacks (rot). Die nächste Ebene sind die Atome (blau). Danach die Zellen (gelb). Die grüne Ebene steht für Leben wie uns Menschen und das was wir so wahrnehmen. Danach kommt wieder die rote Ebene, die steht für das Sonnensystem. Jetzt wieder blau, es steht für unsere Galaxie die Milchstraße. Dann wieder gelb, es steht für das restliche Universum. Das Logo ist an den Ecken gerundet, es soll nicht verletzten. Beim Meditieren lass ich es rotieren. „Es ist wie, als wenn durch etwas

geht" sagte man mir mal. Das Zeichen heißt EMuS, es steht für „Ewiger Moment unendlicher Schönheit".
Ich bin einfach wie so oft meiner inneren Eingebung gefolgt. Es gibt Bewusstsein, das auf Symbole anspricht. Ich habe es vor einigen Tagen im Krankenhaus einen Mitpatienten gezeigt. Ich sah sofort, dass es ihn ansprach, seine Worte" Das will ich haben". Ist übrigens schon öfter ähnlich passiert. Ich belebe, vitalisiere Wasser mit dem Logo. Ich laß mir das dann mit dem Pendel, der Einhandrute oder was ich liebsten mag mit der Wünschelrute anzeigen. Der Effekt ist verblüffend.

Das Symbol EMuS wendet sich ab von Gewalt und Krieg. Es steht für das Universum, in dem wir leben. Es bedient die Liebe und begrenzt die Angst. Es steht für das Miteinander, das Begegnen. In das Symbol sind Wahrheitsfindung, Gerechtigkeit und der freie Wille aus dem Universum unumkehrbar ein gebucht. Es beinhaltet die Wassermagie777 und strebt nach Wohlsein.
Es verkörpert das Absolute. Es ist für alle die kreativ veranlagt sind eine eventuelle Vorlage, um selbst etwas Vergleichbares oder Besseres in die Sichtbarkeit zu bringen.

Oeuvre, Gesamtwerk, künstlerischer Ausdruck von Thomas Spiegl 237732

Mein Gesamtkunstwerk setzt sich aus verschieden Kunstrichtungen zusammen. Ich sage schon mal gerne „GedichteZauberBastelQuatsch" dazu. Meine Ideen, mein Lebenswerk bedient soziale, künstlerische, philosophische und wissenschaftliche Aspekte auf eine einfache, für jedermann verständliche Art und Weise. Man kann mich als bildenden Künstler (weniger als eingebildeten Künstler sehen, obwohl ich schon mal gerne mit einem Lächeln sage: "Eigenlob stimmt" oder „Wer kann, der kann".) sehen. Also als frei schaffenden Künstler (auf gar keinen Fall als anschaffenden Künstler). Ich habe meinen eigentlichen Auftrag erst seit 2015 in den Horizont bekommen. Ich bin wie immer meiner inneren Eingebung gefolgt, trotz aller widrigen Umstände. Ich warte wie so oft auf den fruchtbaren Moment und die Dinge, die ich dann in die Sichtbarkeit bringe, entspringen keinem rein rationalen Denken. Menschen wie mir sagt man eine emotionale Intelligenz (sollte es den zutreffen) nach.
Es fühlt oft so an: „ Es will sein und durch mich findet es sich ein".
„Der Mensch denkt und Gott lenkt". Beim Umsetzen meiner Ideen bin ich sehr unnachgiebig und diszipliniert, ich überwinde jeden mir auferlegten Weltschmerz, wenn ich von der Sache ergriffen bin.
Hier nun meine Version, meine Vision vom kostbaren Leben.

Mit meiner Auffassung von Kunst, Magie, etc. möchte ich, auf eine sehr spontane und auch schon mal sehr lustige Art und Weise, die Herzen der Menschen öffnen. Sie für die Liebe und die Magie, die uns alle antreibt und ausmacht, sensibilisieren. Mein künstlerischer Beitrag generiert sich aus Wahrheit, Gerechtigkeit und Freiheit. Meine Kunst stellt den Menschen als Individuum dar, der sich auf eine selbstlose Art und Weise (ist keine Selbstaufgabe, obwohl es oft nah dran war. Ein gesunder Egoismus und Selbsterhaltungstrieb sind immer noch vorhanden) für andere, gerade benachteiligte Mitmenschen, einsetzt. Mit meinen geschaffenen Dingen bin auch sehr selbstkritisch. Ich möchte mein Wissen und meine Erfahrungen weitergeben und damit unnötiges und überflüssiges Leid ersparen helfen. Ein jeder kann sich das raus nehmen was ihm gefällt und seine eigene

Weisheit ergänzen, entwickeln, um diese Dinge dann nach Möglichkeit selbst konsequent zu leben. Die schönste und einfachste Kunst ist für mich einen Menschen, groß wie klein, herzlich zum Lachen zu bringen. Ich mache Menschen gerne glücklich, am besten dauerhaft, indem ich den Blick auf das Wesentliche richte. Ich versuche die Bedürfnisse eines Jeden von uns nach Liebe, Sinn und sozialer Interaktion zu befriedigen. Ist ein gewisser Reifeprozess, Reifegrad entstanden, ziehe ich mich zurück und grenze mich auch schon mal sehr scharf ab, als Selbstschutz. Ich möchte nicht verletzt werden, genauso wenig möchte ich verletzten. Ich leite die Menschen an, ihre Fähigkeiten so einzusetzen, dass nach Möglichkeit ein harmonisches Ganzes entsteht. Ich halte alles einfach und wehre mich entschieden gegen Wichtigtuerei und kleingeistiges Ausschließliches Geld- und unnützes schädliches Machtstreben. Ich greife hierarchische elitäre Systeme und ihre Vertreter massiv an, da sie den Menschen in seiner Gesamtheit unverschämt, niederträchtig und gemein deformieren.

Das liebevolle Kümmern und Zuwenden zu einer Einzelperson stehen für mich ganz oben. Ich setze mich gerne für die Bedürfnisse und Belange unserer Kinder ein. Kindliche Fröhlichkeit gilt es unter allen Umständen zu Bewahren. Ich suche nach einfachen Antworten und Lösungen, um so viel Wohlbefinden wie möglich zu erzeugen. Bei der, meiner Krankheitsbewältigung, Gesundheitsbewältigung setze ich alternative Werkzeuge ein. Ich erkläre mich kurz und mache keine Geheimnistuerei draus. Dies würde nur wieder einen penetranten Kommerz zur Folge haben. Umweltschutz und ein fühlbares Verständnis für die wunderbare Natur sind für mich unerlässlich. Für mich ist es wichtig den Menschen als Ganzes zu sehen. Als spirituelles, „Transzendentes Wesen". (Fleisch gewordene Energie und Bewusstsein, was immer das auch ist). Das dringend notwendige „Verzichten" und „Faire Teilen" sollte jedem Menschen verständlich gemacht werden. Die Reise ins Zauberland777 und die Wassermagie777 wurden hierfür eigens von mir, zwischen 2016 und 2020, erfunden. Die Reise ins Zauberland777 durfte ich schon mit einigen Kindern antreten. Es hat mich sehr glücklich gemacht, wie die Kinder diese zauberhaften Dinge aufgenommen haben. Diese Sachen und mein Buch „Ein Gedichtband aus dem Zauberland" steht allen Menschen zu.

Sollte doch einmal mit meinen geschaffenen Kunstwerken, etc. Geld verdient werden, dann schicke ich so viele Kinder wie nur irgend möglich auf die Reise ins Zauberland777. Die Menschen können sich selbst etwas damit zu Recht basteln, um Lebensfreude und Spaß zu generieren.
Ich bin zu sehr geschwächt, durch meine Krebserkrankung und mein Angsttrauma, um mich damit zu profilieren. Diese Vorgehensweise würde auch nicht meinem Persönlichkeitsprofil entsprechen.

Ich wünsche gute Unterhaltung, falls sie die von mir geschaffenen Dinge ansprechen.
Und vielen lieben Dank für ihre Aufmerksamkeit.

Dieses etwas andere Buch ist meiner Prinzessin, Königin und Göttin Johanna gewidmet.

Thomas Spiegl 732, Stand 9.1.2021
In meinem magischen Onlineshop für therapeutisches Zaubern und Heilen finden sie handgefertigte Zauberunikate, etc. von mir. Sie können diese magischen Dinge auch selbst herstellen und sich die Ideen bei mir

abschauen.
www.zauberland69121.de
oder auf Facebook zu finden unter meinem Namen Thomas Spiegl.
Email: magischer-dichter777@web.de
www.magischer-wasserspiegl777.de
Passwort: 732

Symbolische magische Heilung am 12.5.2020 durchgeführt.
Thomas Spiegl, Wassermagie777   Stand 12.5.2020
Mit der Schwarzen Magie Schablone mache ich den Tumor
in der Unendlichkeit sichtbar. Ich schicke ihn über die
Regenbogenbrücke zurück in die Welt des Relativen.
Mit der weißen Magie Schablone heile, neutralisiere ich die
deformierten Krebszellen. Ich gewinne wertvolle Lebenszeit,
um mich noch einmal mitzuteilen. Um zu zaubern und zu
heilen.

Wie war das doch noch mit dem Urknall
für uns Menschen der Erste universelle Präzedenzfall

Wie und wo fand dieses gewaltige Ereignis statt
eigentlich überall vor 13,7 Milliarden Jahren, ich bin total platt

Die Anfänge gemessen in minimaler Planckzeit
das junge Universum rasend schnell auseinander treibt

Mit zweifacher Überlichtgeschwindigkeit dehnt sich nun der Raum
das geistig zu erfassen vermag ich kaum

Alle Materie gebunden an einen winzig kleinen Ort
kleiner als ein Atom, ein Körnchen reinster Energie irgendwo dort

Vor der Expansion mit unendlicher Dichte und Gewalt
der Urknall bis heute in unserem Universum nachhallt

Unglaublich scheinbar aus dem Nichts geboren
expandiert von nun an die Zeit, der Raum völlig unverfroren

Einfach Alles kann sich auf diesen glücklichen Vorfall berufen
als göttliche Energien auch die Voraussetzung für uns schufen

Dreihunderttauschend Jahre war einfach nichts zu sehen
als auf einmal aber Million Milliarden Sterne entstehen

Aus reinsten Wasserstoff und Helium leuchten Sie im satten Blau
um schon nach Millionen Jahren zu explodieren in einer gigantischen
Supernova Schau   007

Mit Fantasie und reinster Energie für uns geboren
geht göttliche Energie stets im Wandel ab jetzt nie mehr verloren

Vor sechs Millionen Jahren fand der erste Wandel von Affen zum Menschen statt
In Zentralafrika im großen Graben zuhause werden die ersten Menschenwesen satt

Vom Baum gestiegen um sich in der jetzt entstanden Steppe zu bewegen
war kurz darauf auch der aufrechte Gang zugegen

Weitere drei Millionen Jahre später im Menscheitsverlauf
hörte auch die Ganzkörperbehaarung zu wachsen auf

Um sich jetzt im Überlebenskampf einen Vorteil zu verschaffen
Jagden in der Mittagssonne schwitzend die Menschenaffen

Die Hetzjagd war geboren in Afrikas Gluthitze
der Mensch war nun bewaffnet mit Speer und Feuersteinspitze

Viele Menschenarten sind gekommen und gegangen
der Aufbruch aus Afrika war stets ihr treibendes Verlangen

Sehr lange blieb die Evolution vom Menschen stehen
mit dem Flaschenhalseffekt sollte Schreckliches geschehen

Von einer Population von mehreren Millionen
verschonte der drastische Umweltwandel nur wenige Personen

vielleicht auf einige Tausend Individuen reduziert   008
mit einem Male der Homo Sapiens über unseren Planeten spaziert

Vor 200 000 Jahren beschleunigt die Entwicklung erneut
mit dem heutigen Menschen die Evolution sich ihrem Meisterstück erfreut

Vor 200 000 Jahren sollte die Welt vom Homo Sapiens erfahren
erst vermehrte er sich in Zentralafrika in Scharen

Vor rund 80 000 Jahren dann
der neue Homo mit seiner Auswanderung Richtung Europa begann

Durch den Flaschenhalseffekt in seiner genetischen Vielfalt reduziert
setzt er sich trotzdem an die Spitze der Nahrungskette, nahezu unbeirrt

Alle heute lebenden Menschen tragen eines gemeinsam in sich
den zu 99,9 Prozent identischen Genabstrich

Unglaublich und wunderbar das Wissen über unser gemeinsames Band
ob schwarz, gelb, rot oder weiß wir sind alle wie eine große Familie verwandt

Vor 10 000 Jahren wandelt sich der heutige Mensch erneut
jetzt treffen wir auf Landwirtschaft und Bauersleut`

Die ersten Zivilisationen zumeist angetrieben von friedlichen Handel
erst viel später kam es zum totalen kriegerischen Wandel

Aus Gier nach Macht marschieren Sie in endlosen Vernichtungsheeren los
mein Gott was machen die einst friedliebenden Menschen bloß

In Genialität und Schönheit geboren
geht jetzt jeglicher Respekt an der göttlichen Schöpfung verloren

Bis heute endet die menschliche Mordlust nicht
was für eine traurige Geschicht`   010

Seit über 200 Jahren gipfelt sich das grausige Menschen Sein
keiner von uns dürfte mehr leben unter wärmenden Sonnenschein

Das Universum kann sich durch uns Menschen selbst erkennen
hört endlich auf euch in furchtbar sinnlose Gewalt und Kriege zu verrennen

Gebunden an einen feurigen Klumpen aus Sternstaub
für universelles Wissen sind die meisten Menschen taub

Die Erde unsere wunderbare Heimat, unser Blauer Planet
auf dem ständig alles Leben energiegeladen entsteht und vergeht

Auf ca. 40km tiefen Kontinentalplatten triften wir umher
die gegenseitige Reibung verursacht Erdbeben, dazu Tsunamis im Weltmeer

Nach innen hin wird es fest, das flüssige Eisen
wir müssten über 6400 km zu unserem Erdmittelpunkt reisen

Durch die Erdrotation wird Strom wie in einem Dynamo hergestellt
nun schützt uns vor dem Sonnenwind unser schwaches, aber effektives Magnetfeld

Die Atmosphäre 100km hoch, ist das Gas befüllte Ding
aber nur auf 2-3km Meereshöhe existiert der für uns belebbare dünne Ring

Mit ca. 108 000km/Std kreißt die Erde um unser Zentralgestirn
1670 km/Std ist dabei die Drehbewegung am Äquator, zu viel für unser Gehirn

Wir können ruhig und stabil auf dem Boden stehen
als würden wir uns nicht so schnell bewegen und drehen

Bei Nacht sollten wir mal vor Ehrfurcht den Blick auf die vielen Sterne richten
um sich wieder auf das Wesentliche zu konzentrieren, auf Überflüssiges zu verzichten

Der Homo Sapiens in Klimawandel und Not geboren   012
geht dem Universum wohl bald wieder verloren

In Egoismus und Selbstverliebtheit fühlt er sich so unglaublich wichtig
alle Wesen sind nur von kurzer Lebensdauer, das Erscheinen der Menschen am Rande
der Schöpfung ist aber ehr` nichtig

Man sagt das Glück der Erde liegt auf dem Rücken von Pferden
schöner wäre, es liegt im Mutter sein und werden
göttliche universelle Schöpferkraft in sich zu tragen
ist die Antwort auf viele ungeklärte Lebensfragen
man muss Alles um sich für das beginnende unschuldige Leben motivieren
und schon krabbelt vor einem das Liebste auf allen Vieren
Du erkennst schon bald seine Umwelt im fröhlichen Kindergesicht
gut behütet schreibt es Dir auch ein süßes Gedicht
Das Kind sein, Spaß haben, vor sich hin träumen ist in vollem Gange
wenn ich an die kommenden Schultage denke wird mir bange
Das Elternhaus ist und bleibt entscheidend beim Erziehen
verlasst eure Kinder nicht und bitte nicht vor Verantwortung fliehen
was bestimmt hilft ist eine Mischung aus antiautoritär und autoritär
vor allem aber gerecht, liebevoll sein und dabei allzeit fair
Ihr lieben liebenden Mütter von heute und morgen
seid euch bewusst ihr baut die Zukunft mit hoffentlich weniger Sorgen
Indem ihr achtsam und behutsam Leben anschiebt
belohnt ihr euch mit einem Kind, das euch immer liebt
gebt euern Kindern einen Sinn in all dem Unsinn mit auf den Weg
ein liebender Mensch, der sich im Gegenüber erkennt, ist dann der Beleg
die Natur, was uns bestimmt, pflanzte in uns hohe Werte
Wahrheit, Gerechtigkeit, Freiheit, liebe Mütter verteidigt unsere blaue Erde
Solange unsere Kinder vor Freude lachen und kichern
wird die Menschheit bestehen das kann ich euch versichern
nutzt die Möglichkeiten für eure Lieben, die sich so bieten
rostet nicht ein, gebt niemals auf und schafft immer wieder Frieden
denkt daran, das Universum kann sich durch uns Menschen selbst erkennen
auch die Kinder von morgen und übermorgen wollen fröhlich umher rennen

Mit der geheimnisvollen Wassermagie777 erzeugen wir durch den bewussten Einsatz, mit dem von mir erfundenen Symbol *EMuS COVID19 Antigen732,* ein magisches zauberhaftes COVID-19 Antigen732.
Es wurde mir vom Universum durch meine innere Eingebung gereicht.
Wasser ist der Dirigent (Das alles Bestimmende) im Leben, in der Materie.
Die Magie des Wassers funktioniert sogar telepathisch. Man kann sie gut mit der Wünschelrute, Einhandrute anzeigen und mit dem genauesten Messwerkzeug dem Pendel messen. Menschen können gegen schlimmste Erkrankungen immun werden. Ein Antigen erzeugen. Voraussetzung ist die liebesfähige innere Haltung und dass entsprechende umsetzen. Es nützt nichts mächtige Symbole wie das EMuS-Symbol einzusetzen und sich nicht entsprechend zu verhalten. Eine separate Definition vom EMuS Symbol ist vorhanden. Es kann sich jeder das rausnehmen was im zusagt. Manchmal muß man mutig sein und mal etwas anderes neues zulassen. Es müssen trotzdem medizinische soziale Maßnahmen beachtet und eingehalten werden. Also lasst mal etwas zu, aber seid nicht blöd.
Ansonsten wird`s DBS (=DreifachblödStinken, ich putz die Türklinken bis zum Abwinken) und dann gibt`s doppelt Streß.

Das Symbol *EMuS COVID19 Antigen* bewußt neben oder unter Wasser stellen und sein Lebenslicht erhellen. Hilft vielleicht auf magische Weise in vielen Fällen.

EMuS12399774ZT

23.77.21.49.61.63.72.81.99.
COVID19 Antigen732

Liebe Kinder heute ist es wieder soweit
wir machen Party, es ist eure Zeit

Aus nahem und fernem Land
legt ihr eure Kräfte zusammen, Hand in Hand

Eure Macht in Ruhe und Stille beim Träumen geboren
damit werdet ihr euch jetzt in die Herzen eurer Mitmenschen bohren

Ihr bewegt jetzt gleich die Welt
auch mal ohne Geld

Ihr werdet das Unfassbare erleben
ihr erzeugt sogleich ein gewaltiges Erdbeben

Beflügelt von mächtiger Magie
zwingt ihr selbst die Mächtigsten der Mächtigen in die Knie

Ihr wandelt die Ruhe in fürchterliches Getöse
ihr beugt Alles, selbst „Das Böse"

Genießt diesen ewigen Moment
und fühlt wie die Luft gleich brennt

Ihr seid tolle Kinder, die „Weltbesten" wie es heißt
ihr brecht selbst das dickste Eis, ganz dreist

Ihr fordert Liebe, Kuscheln und Geborgenheit
gestern, heute, morgen bis in alle Ewigkeit

Nun lasst uns beginnen
wir werden alle Herzen gewinnen

Seid ihr nun wirklich bereit
für diesen einzigartigen Moment in der Ewigkeit und Unendlichkeit

Alles und Jeder kennt und liebt Sie
die „zauberhafte Magie"

Nur allzu oft lassen wir uns vom Materiellen verzaubern, knebeln
ausschließlich mit dem Fassbaren beschäftigt, unsere Sinne vernebeln

Es ist sinnlicher den Blick auf das Einfache zu richten
auf die kleinen lieben und süßen Lebensgeschichten

Den „Magischen Moment" zu fühlen
und dabei den überhitzten Geist etwas runter kühlen

Mit unserem Denken, unserem Bewusstsein
schlagen wir dann wieder den richtigen Weg ein

Mit einem „Entwaffnenden Lächeln" unterwegs
bestichst du Alles und Jeden, so als kleiner Scherzkeks

Du zauberst deinem Gegenüber das Lachen ins Gesicht
einfache liebenswerte Magie, die jedes Eis bricht

„Wahre Magie" geht mit Liebe und Verständnis einher
das zu lernen ist keineswegs schwer

Unsere Gedankenwelt, unser Sichtweisen positiv stimmen
das Feuer wird entfacht, vorbei das „Vor sich hin Klimmen"

Mit Fantasie und starkem inneren Glauben   026
versetzen wir Berge, wandeln uns wie kleine Raupen

Mit guten und ehrlichen Gefühlen zaubern, alles tief berühren
und schon öffnen sich einem die „Himmlischen Türen"

„Wahre Magie" führt uns zu unserem tiefsitzendem guten Kern
die Liebe kehrt zurück, Sie ist jetzt greifbar und nicht mehr fern

Das Wasser verdient der Welten schönstes Gedicht
vernachlässigt, verschmutzt werden will es nicht
Einmal Sauerstoffatom, zweimal Wasserstoffatom als Gas
verbunden wird es zum Erstaunen flüssig, was für ein Spaß
Sauber und rein sollte es sein, danach lohnt es sich zu streben
wir verbinden Wasser mit Fruchtbarkeit, mit Leben
Die Wissenschaft stellt es nur als Molekülverbindung dar
Wasser in seiner reinen Form kann mehr, jedem Kind ist das klar
H_2O ist in fast Allem enthalten was uns umgibt
darum wird es auch von Mensch und Tier so begeistert geliebt
Wir verschmutzen es achtlos, wir kennen die Schattenseiten
wie können wir uns da noch leiden, so etwas gilt es unbedingt zu vermeiden
Oft allzu hart umkämpft, wir sollten es fair teilen
sich der Umstände bewusstwerden und nicht am Chaos feilen
Wasser bildet Strukturen, Wasser hat Gedächtnis
welch` wunderbares schöpferisches Vermächtnis
Die Konsequenzen unserer Handlungsweisen überdenken
wir könnten uns alle mit Lebendigkeit beschenken
027   da hilft auch kein Jammern und Flehen
so nach und nach muss jetzt bei Jedem von uns etwas Positives geschehen
Die Mächtigsten der Mächtigen sind ebenso gefragt
weises Handeln ist auf allen Ebenen angesagt
Gönnt euch öfter mal einen stillen Moment an einem großen Wasser
und das Gierige und Unvorteilhafte in euch wird deutlich blasser

Von Thomas Spiegl am 9.6.2017 geschrieben und allen Gutmenschen
groß wie klein gewidmet. Weiter so vielleicht irgendwo im Nirgendwo

Wie stelle ich ein magisches heilendes Hunderttausend Wasser her?

Erst zeige ich mit der Einhandrute die Energie in meiner Hand an. Ich stelle ein volles Wasserglas (aus dem Wasserhahn) vor mich hin. Ich messe die transzendente Energie mit der Wünschelrute. Ich spreche das Wasser mal mit Liebe, Angst, Hass an. Ich lege mein Symbol EMuS neben das Glas. Eigentlich völliger Unsinn, aber die transzendenten, spirituellen Werkzeuge spielen entzückt verrückt. Ich pendele die Wasserenergie aus. Aus dem Wasserhahn entspricht 2 - 3 Wasserenergieeinheiten WEE (die Einheit WEE ist von mir erfunden worden und göttlich, universell im Versuch wiederholt bestätigt worden). Hierfür benutze ich eine Fünfziger Pendelteilung (Kann man als hunderter Teilung umfunktionieren oder dann als Hunderttausender Teilung). Stärkstes transzendentes, spirituelles Wasser in der Natur, entspricht circa 40 000 WEE (Beziehe mich auf den Film, „Die geheime Macht des Wassers", Wissenschaftler können es elektronisch messen, das Wasser strahlt aus, es fluoresziert). Gemessen beim Wasserfall Iqausu in Peru, Anten. Meine innere universelle Eingebung lässt ein magisches, heilendes Hunderttausendwasser zu. Ich messe das mit dem Pendel.

Es reicht, wenn man das Symbol danebenlegt oder in der Nähe platziert. In das, mein Symbol „EMuS" ist das was in meinem Buch und den Gedichten 1 - 103 steht universell unumkehrbar ein gebucht.

Es bedient die Liebe, die Gerechtigkeit, Wahrheit, Ehrlichkeit, das „faire durchdachte Teilen". Das Selbstlose. Das Lustige, Spaßige und Herzliche. Den belebenden Humor. Das Wohlsein. Es wendet sich von Gewalt und Krieg ab. Es kann aber auch leider zu Krieg führen um wieder „Wohl sein" herzustellen (es ist keine Rechtfertigung für Gewalt). Es lacht sich mit den Kindern schlapp.

Viel Spaß beim Zaubern und verzaubern. Nichts bleibt ohne positive Konsequenzen. Ich habe das hier vorgedacht, wie man mir mal sagte. Ein jeder kann sein eigenes „magisches heilendes Hunderttausendwasser" erzeugen und sich das raus nehmen was ihn anspricht oder auch nicht. Symbole werden von Menschen seit über einer Millionen Jahre genutzt.
Die ersten Faustkeile waren auch schon mal zu weich oder zu hart. Die nicht einsatzfähigen Werkzeuge sollten wohl die entsprechenden Impulse in uns wecken. Zur Paarung, etc. und zum „In Kontakt treten" mit dem „was uns antreibt".

Diese Dinge unterliegen dem "Freien Willen" des Universums. Die Natur kennt keine Heiler, kein heilendes Wasser in diesem Sinne.
Die Natur wandelt ab einem gewissen Punkt. Der beste Heiler von allen in diesem, unserm Fall ist dann der Tod, er befreit von allem irdischen Leid und Schmerzen. Eine Realität, der wir uns gerne entziehen und doch müssen wir sie irgendwann, manchmal sehr schnell bedienen. Es gibt kein Allheilmittel in der Schulmedizin oder in der
Informationsmedizin, jeder muss individuell seinen Weg finden. Einem langen leidvollen Leben ziehe ich jedenfalls ein kürzeres sinnhaftes Leben vor, in dem ich den Moment, in dem ich mich dem universellen Wandel hingebe, bewusst wähle, sofern man mich das lässt. "Es macht nur so lange Sinn wie es Sinn macht". Nach dem Motto: "Ich schaffe also bin ich", ohne sinnvolles Erschaffen halt dann eben nich`. Das in der letzten Konsequenz zu erfassen und zu bedienen erfordert viel Mut und natürlich auch viel Liebe zu sich und seinen Mitmenschen.
Das „magische heilende Hundertausendwaser" wird also nur durch das bewußte Zulassen, geistige Verknüpfen mit dem Wasser hergestellt.
Nonsens oder kein Nonsens, entscheiden sie selbst. Ich bin jedenfalls auf eine geheimnisvolle Art und Weise, fast 30 Jahre,

am Leben geblieben trotz aller widrigen Umstände. Ich führe es auf solche Dinge zurück. Obwohl ich mir bewusste bin, dass jetzt meine Zeit hier dann wohl auch schnell zu Ende gehen kann. Wegen meiner brutalen, furchteinflößenden

Erkrankungen. Die geheimnisvolle Wassermagie777 scheint vom Universum gewollt zu sein.

Zu sehen auf meiner Webseite

www.magischer-wasserspiegl777.de

aktuelles Passwort: 732

(das Passwort wird ab und zu verändert, man kann es dann per E-Mail

erfragen)

magischer-dichter777@web.de

Thomas Spiegl, Stand 9.1.2021

Der Geburtstag, einmal im Jahr wird es für einen Jeden war
an den schmerzhaften Beginn denken, selbstverständlich, einfach klar
Der Geburtsschmerz verbindet für das ganze Leben, vielleicht unendlich lang
etwas Unbegreifliches, Liebenswertes nimmt seinen unvermeidlichen Anfang
In Kindertagen sind das die schönsten, ja tollsten Tage
alles und Jeder zentriert sich um einen, keiner wird zur Plage
Ausgelassen feiern, die einfachsten Geschenke sind die wertvollsten von allen
die Zeit anhalten, den Moment genießen, es wird ein Leben lang nachhallen
Viel Kraft, Spaß und fast unbegrenzt zugängliche Energie
wir wünschen uns es währt ewig und endet nie
Wir Menschen, Wesen mit unverhältnismäßigem, langem intensiven Rückblick
können uns beim Erinnern mental stützen, ein guter, lebensbejahender Trick
Ein Geburtstag bringt knisternde Vorfreude
eingeladen werden alle Lieben und einem gutgesonnen Leute
Beginnt der für uns auserwählte Tag
steigt sie langsam die Spannung, bis sich alles einfinden mag
Wie Kinder sind wir am albern, zeitvergessen am Rumtollen
wir fühlen geteilte, verspielte Energie, wir schöpfen was wir sehnlichst wollen
Nach dem fröhlichen Zusammensein kommt langsam der Moment zum Erliegen
wir wollen nicht aufhören, sind nicht genug vom Guten am Kriegen
Es wird ruhig um uns, wir setzen uns nachdenklich nieder
Gedanken reihen sich endlos aneinander, wir spüren unsre müden Glieder
Es bricht nach langem buntem Treiben die Nacht herein
warum denken wir nur können nicht alle Tage so ewig behaftet sein
Wir wiegen uns beglückt in den anstehenden tiefen Schlaf
jetzt können wir träumen wir die Kinder, ganz lieb, ganz brav
Alles scheint verflogen beim Aufstehen am nächsten Morgen
doch sofort am Verstehen, „das Gestern können wir uns immer wieder borgen"

(Ich), Der seelisch Kranke
der Körper wie gelähmt, kein ruhiger, kein vernünftiger Gedanke
endlos quälend dreht sich die Gedankenspirale
woher nur mit einem Male?
Verzweifelt, alleingelassen am Sinnen
wie konnte nur so etwas Furchteinflößendes beginnen?
von allen Seiten kommt gut gemeinter Rat
vorerst; man wandelt einsam auf verlorenem Pfad
keine Schule konnte einen darauf vorbereiten
was einem plötzlich alle möglichen und unmöglichen Ärzte unterbreiten
man klammert sich hilflos an jeden seidenen Faden
selbst die eigenen Lieben sind einen jetzt so nach und nach am verraten
stehen, liegengelassen in der wirklichen Unwirklichkeit
schlimme Gedanken reihen sich aneinander, man ist zu Allem bereit
ist dieser ewige zerstörerische Moment erst mal manifestiert
ein Jeder, selbst der Starke, den Halt verliert
wir müssen uns gedemütigt, entblößt gegenübertreten
Sie fallen jetzt wie Dominosteine, die vorgeschobenen Ausreden
oft entscheiden Begegnungen, als gute Wegweiser, in diesen schweren Stunden
alles Bequeme abstreifen, schmerzhaft wird sich nun neu erfunden
Ein Stück weit sein eigener Lehrmeister werden
andre Bindungen mutig eingehen, sich neu erden
ohne Furcht, mit Hilfe, vorwärts schreiten lernen
eines lieben Tages greifst du wieder nach den Sternen
ist man erst gewöhnt an das Ungewöhnliche, eingestellt
du wirst Sie wieder lieben deine kleine bescheidene Welt   031
Vielen lieben Dank allerliebste Johanna, mein beständiger Helfer, mein Held
in einer Zeit in der sich manches anders, vielleicht aber auch „göttlich", verhält

Wie ist das mit der Nutzung der thermonuklearen Energie
der Mensch spielt wieder mal Gott, ist Genie
angeblich friedlich genutzt in Medizin und Atomkraftwerken
hinterhältig geleitet von technischen Schergen
nur allzu verlockend die angeblich saubere Energiegewinnung
bei näherer Betrachtung verliert man die Besinnung
durch kein Mikroskop der Welt kann man ein Atom sehen
überheblich meinen wir wieder Alles zu kontrollieren, zu verstehen
Wir zerstören den Neutronen-Protonen-Atomkern
produzieren dabei „Schnelle Teilchen" ähnlich wie in einem Stern
bei einem „ atomaren Supergau" freigesetzt in der Atmosphäre
durchdringen sie jedes intakte Lebewesen, es gibt keine Barriere
ist die Kernschmelze im Reaktor einmal in Gang gesetzt
vergehen 2 – 3 Millionen Jahre bis es niemanden mehr verletzt
unausweichlich, unvermeidbar, wo sollen wir alle hingehen?
300 000 Menschengenerationen müssen unnötige Qualen durchstehen
klug wäre es unseren Energiehunger einzuschränken, mal verzichten
als alles kommende Leben zu deformieren, zu vernichten
nach Alternativen Ausschau halten, vorausschauend investieren
die Energiereserven fair teilen, nicht nach Allem gieren
wir Menschen können mehr, den Dialog suchen und führen
und nicht durch allgemeine Missachtung das „Schädliche" schüren
032   mein Appel immer wieder an die Welt
man kann es nicht essen das krankhaft angehäufte Geld
Tschernobyl, Fukushima, bald Belgien mitten in Europa
sofort runterfahren, alles wäre wertlos, spart euch das Bla Bla Bla
morgen gehst du 2 – 3 tausend Kilometer Laufen
und bist am Ende wie ein Flüchtling am Absaufen
als Nachwort noch, wegen der „teuflischen Atomwaffen"
so etwas nutzen nur gewissenlose, fehlgeleitete „Machtaffen"

La Gear   Der Krieg   .

bis zum bitteren Ende, am besten mit „Endsieg"
dieses pervertierte Treiben ist mit nichts zu rechtfertigen
immer wieder Leichenberge verbrennen, alles beerdigen
nach einem kriegerischen Konflikt dauert es 2 – 3 Generationen
bis die traumatisierten Menschen wieder in sich ruhen, wohnen
und nach langen 10 Generationen friedlichen Zusammenleben
ist man erst wieder von seelisch Gesunden umgeben
was vor tausenden Jahren den Menschen zusammengeführt hat
es war der friedliche Handel, das „Schändliche" fand nicht statt
der ausgedehnte Handel konzertierte Gold und Macht
verhängnisvoll nahm krankhafte Habgier zu, man gab nicht acht
der Krieg hat die Menschen zu Höchstleistung angetrieben?
Aber was steckt hinter den Engelmachern und Seelendieben?
Unsere Angst ist unser stärkstes Lebensgefühl
sie macht uns anfällig, wir verlieren uns im Tumult, im Gewühl
Gerecht sein, frei sein in eine gute Medizin
Wissen lehren, Bewusstsein fördern und niemand muss mehr flieh'n
033   immer wieder streben nach vernünftiger Diplomatie
der Dialog darf niemals enden, einfach nie
wer das Schwert hebt wird durch dieses „fallen"
besser die Welt mit friedlichen Worten beschallen
Das „Abgrund tief Böse" in sich tragen und leben
unheimlich anstrengend, es wird immer einen Stärkeren geben
fröhlich, liebevoll, unbeschwert alles hinbiegen
und keiner bleibt mehr leblos, lieblos liegen

Das Weltmeer, es leidet, es weint, es schmerzt wohl sehr
werden wir ihm noch gerecht, verhalten wir uns fair?
Seit aber Million Jahren herrscht intelligentes Gleichgewicht
uns Menschen kümmert das offensichtlich nicht
das geheimnisvolle Leben, welches wahrscheinlich im Meer entstand
unsere Rücksichtslosigkeit, Selbstsucht drängt es an den existenziellen Rand
die grenzenlose Umweltverschmutzung, traurig unglaublich
Folge unüberlegter, kurzsichtiger Handlung, der Mensch überheblich
das artenreiche Meer wird brutal leergefischt   034
die verseuchten Tierleichen werden dann lecker, schmackhaft aufgetischt
der Unterwasserlärm ist unerträglich laut geworden
die wehrlosen Tiere können nicht mehr vernünftig orten
100 000 Million Tonnen Kunststoffmüll, treibende giftige Vollkommenheit
wir kennen kein Mitgefühl, auch kein Mitleid
nach Erdöl bohren, mit Unterwasserbomben Vorkommen ausloten
die Fischbestände erholen sich nicht, warum wird es nicht verboten?
Die großen wie kleinen Schiffe müssten nur langsamer fahren
mit gutem Willen, mit besserer Logistik könnten wir sogar sparen
das Militär ortet den Feind, sogar im Frieden, mit tödlichen Frequenzen
die armen Lebewesen sterben qualvoll, keiner zieht Konsequenzen
stirbt das schwer angeschlagene Leben im Weltmeer ab
mit leeren Händen dastehen, der Mensch macht ebenso schlapp
es wird alles entsorgt, vom Atommüll ganz zu schweigen
wir fordern es raus, weiter so, und es wird sich zu Ende neigen
mit kleinen achtsamen Schritten bei sich selbst anfangen
womöglich wird der globale Selbstmord nicht begangen
„Leben ist Liebe" und „Liebe leben" lohnt immer
ansonsten eben irdisches „Gewimmer"
Der Mensch kann weitaus mehr
es wird dankbar sein unser tolles, einzigartiges Weltmeer

Warum bekommen unsere Nutztiere eigentlich „hilfreiche" Medikamente?
Die übermäßige, grausame Fleischproduktion wäre sofort am Ende
stell´ dir vor, du bist auf deiner Arbeitsstelle eingepfercht, angekettet
Tag und Nacht, tolles Genfutter, Tiermehl, am Schlachthof wirst du gerettet
ein paar Mal am Tag im Kreis gehen
du weißt nicht sollst du liegen oder stehen
nach wenigen Tagen brauchst du auch die Pharmaindustrie
Liebe, Spaß und Freude empfindest du nie
ein Leben lang generierst du schlechte, kranke Energie
wenn man nachfühlt, keiner wäre gern Schlachtvieh
in den Neuzehnhundertneunzigern wurde der BSE-Erreger vorerst bezwungen
man fütterte Pflanzenfresser mit Tiermehl, hmmm gut gelungen
jetzt schlummert der Erreger im verseuchten Erdreich
und wird erst bei 300 Grad bleich
genetisch geklonte Tiere, der importierte Hit
wer so was isst, isst den Tod, den Teufel mit
Gentechnik kann und wird nicht funktionieren
die DNS verändern? Sie kann nur den Aufbau der Aminosäuren definieren
wir Menschen sind auf unveränderte Nahrung angewiesen
ansonsten werden unsren Kindern 11 Zehen, 3 Arme sprießen
die armen Lebewesen müssen ein fürchterliches Dasein fristen
30% der Fleischerzeugnisse landen von vorherin in Müllkisten
es kostet ca. 20% mehr um auf biologisch verträglich umzustellen
gute, gesunde Energie tanken mit weniger Krankheitsfällen
Mit ein bisschen Verzicht käme die weltweite Blähung ins Stocken
Methangas reduzieren, die Klimaerwärmung etwas blocken
alles Leben ist beseelt, strebt nach Wohlsein   035
geachtet und gut gepflegt als Nahrungslieferant fügt es sich wertvoll ein
vielleicht denkst du daran, beim nächsten Fleischverzehr
bedank´ Dich wenigstens, so wäre es ein kleinwenig fair

In einer Gesellschaft in der Jeder nach Höchstleistung strebt
da werden viele gerne von Drogen emotional wiederbelebt
Es gibt sie in vielen verschiedenen Sorten
an legalen, die Angesagtesten natürlich an geheimen Orten
die Auswahl, der Erfindergeist ist übermäßig groß
der erste positive Effekt, wir denken wir ziehen das dickste Los
Die Nebenwirkungen werden unter den Tisch gekehrt
wen kümmert`s, man sieht die Welt eben lustig verkehrt
die todbringende Sucht nimmt unweigerlich Fahrt auf
trotzdem, Spaß haben, wir legen immer noch eine Schippe oben drauf
alle Probleme und Sorgen werden vorerst vergessen
irgendwann wirkst du aber wie besessen
die jungen Menschen ohne Chance, ohne vernünftige Förderung
das bringt jeglichen Drogenhandel erst richtig in Schwung
die Probleme an der Wurzel packen
z.B. die Schulen beleben, lockern, den Lehrplan aufknacken
was nützt die beste Aufklärung über schädliche Konsequenzen
oft langweilige, überhebliche Lehrer, ich würde auch Schwänzen
gut situierte solvente Leute sitzen penetrant auf ihrem Geld
wie soll man sich da entfalten, in einer geizigen Welt
faire Chancen für Alle, mit Teilen könnte man`s erreichen
schade für die verlorenen Seelen und den vielen Drogenleichen
und schaut nicht immer weg
irgendwann liegt jeder mal im Dreck   036
Fähig sein, sich im Gegenüber zu erkennen
die orientierungslose Jugend müsste nicht in ihr Verderben rennen
Pseudo-Autoritäten ins Abseits stellen
gesunde Vorbilder sollten das Rampenlicht erhellen
einfach mal Gedanken machen
reicht eure Hände auch den Mal den Schwachen

„Geld regiert die Welt", findet das wirklich so statt?
Man huldigt, unterwirft sich dem der am meisten hat
im Tauschhandel wurden Waren durch Gold und Münzen ersetzt
die Welt wurde erstmals, sogar global, vernetzt
das zentrierte Geld weckte schon immer Begehrlichkeiten
es ging nur noch um Macht, man fing an fürchterlich zu streiten
Edelsteine, Gold und Silber, Bestandteil blutiger Kriegsbeute
über Jahrtausende ziehen sie durchs Land, grausame Kriegsleute
angekommen im 21 Jahrhundert, auf Papier und Blatt
findet das Blutbad heimlich in undurchsichtigen Banken statt
der Allgemeinheit größtes unsinniges Lebensziel
gieren, bunkern, übervorteilen, der Teufel nimmt jetzt viel zu viel
der Unterschied zwischen Arm und Reich
beim Betrachten, Hinterfragen wird man bleich
die einseitige verstandesmäßige Betrachtung der Welt
erzeugt leider nur menschenverachtendes, fehlinvestiertes Geld
das Wertvolle muss immer wieder der Gesellschaft zugeführt werden
alle gut versorgen, ansonsten globale Rebellion, tödliche Beschwerden
beim Teilen ist man sich nicht am Beschneiden
gut überlegt, dosiert und alle können einen besser leiden
Geld kann bekanntlich keiner essen   037
an die Umwelt, Mitmenschen denken, sich daran messen
die Wertigkeiten bei sich selbst verändern
öfter mal mit Kindern vergnügt durchs Leben schlendern
zu viel Vermögen besitzen, wem soll´s nützen
seine wertvolle Zeit vergeuden, nur Neid, Missgunst, sich schützen
die Liebe ist das was uns eigentlich antreibt
emotionale Beständigkeit, das ist was von uns bleibt

Die geheimnisvolle Magie vom „Kind sein"
selbstvergessen, zeitlos spielen, als kleiner Sonnenschein
mit Bauklötzen bauen, Bauklötze staunen
lustig aufgedreht sein, man hält alles „bei Launen"
Morgens in der Gruppe angekommen
die Betreuer haben dein liebes Lächeln vernommen
so langsam aber sicher finden sich deine Freunde ein
der Spaß nimmt Fahrt auf, rennen, rumtoben, mal laut schrei`n
die Erwachsenen kommen mit lauter lehrreichen Ideen
Basteln, Malen, anstrengend ruhig sitzen, wird auch vergehen
die tolle bunte Welt wird uns nah gebracht
wer hat sich nur so viele Sachen ausgedacht
hier kann man Freundschaften fürs Leben schmieden
was kann das Leben denn schöneres bieten
amüsiert, lustig vergnügt am Schwätzen und Kichern
fröhlich, unbeschwert sich seinen Platz im Leben sichern
wenn es draußen dunkel wird und bald schneit
beginnt wie jedes Jahr die besinnliche, ja herzliche Zeit
es knistert die Vorfreude auf das große Fest mit Geschenken
bitte auch mal an die vielen armen Kinder denken
das schönste belebenste Geschenk von allen   039
friedlich Zusammensein, Wohl sein, bis wir müde ins Bett fallen
Das zauberhaft Besinnliche mitnehmen in jede Jahreszeit
die Liebe lässt sich nieder, die Seele wird befreit

Schon mal über des Lebens Sinn und Unsinn nachgedacht?
Warum die Sonne morgens aufgeht und für uns alle lacht?
Bist du dir bewusst über das was Dich so antreibt?
Was hast du Dir für Spielregeln auferlegt und einverleibt?
Hast Du Deinen irdischen Platz für eine Weile gefunden?
Kannst Du jeden Tag zufrieden und erfüllt für Dich abrunden?
Ein Update, ein Upgrade gibt es für fast alle technischen Maschinen
wie wäre es, sich selbst einer positiven Veränderung zu bedienen
Darüber nachdenken was von uns bleibt, unser Nachruf
wenn sich die Erde wieder zurückholt was sie brillant schuf
nachdenken, philosophieren, Fragen über Fragen
der Geist wird schwer, so etwas kann einen nächtelang plagen
aus meiner Kindheit kenne ich sie, die selbstvergessenen Momente
ich wünschte sie währten ewig und fänden kein Ende
aufgehen in all dem und mit all dem was uns umgibt
wenn das Leben sich öffnet und sich sanft an einen schmiegt
die Magie der Liebe erleben, alles vergeben
fähig sein für ein belebendes gefühlvolles Erdbeben
seinen Traumstern am Himmel aufgehen sehen
ergriffen inne halten, dankbar sein, da sein, bestehen
solch` kurze sinnlichen Eindrücke stellen sich immer wieder ein
friedvoll, zugleich lustig, belebt und der wertvollste Schatz ist Dein
es sind die einfachen herzlichen Gesten und Sachen
ein ehrliches Lächeln und Deine Seele wird beglückt aufwachen
Fähig sein sich in seinem Gegenüber zu erkennen   040
friedlich lieblich vereint sich von Altlasten trennen
behutsam immer wieder das Leben unserer Kinder anschieben
der Mensch ist ausschließlich geschaffen um „zu lieben"

Ein wundervoller Traumstern verglüht in hellem Schein
und wird woanders, geheimnisvoll verändert wieder sein
in Anbetracht von Kommen und Gehen
gewandelte Energie, eine Magie schwer zu verstehen
kaum eingefunden um Lebendigkeit zu versprühen
zu kurz und kostbar das anmutige Aufblühen
im ewigen Wandel, im unvermeidbaren Niedergehen
zeigt sich unsere Reife, Kraft und Weisheit, im Verstehen
weiterleben mit dem was wir an Gutem weitergeben
und was andere in unserem Namen beleben
weiterleben mit dem hinterlassenen Wissen
es kann nur eine Fahne geben, weiß, den Frieden hissen
egal was du machst, es macht was mit Dir
halte dich fern von allzu wildem und boshaften Getier
nutze sinnvoll deine wertvolle Zeit
gib `auf dich acht und erzeuge kein unnötiges Leid
versuche so gut wie alles zu hinterfragen
gefundene Wahrheit ist oft schwer zu ertragen
um an die Quelle aller Sinnfragen zu kommen   041
beschwerlich, stetig wird gegen den Strom geschwommen
fürchte dich nicht, neigt er sich zu Ende, dein heller Schein
vergiss nicht, in Liebe wirst Du ewig sein
sei mutig, lass` Dich fügen in des Lebens Lauf
denk erst gar nicht dran, gib` Dich, gib` niemanden auf
fährt man die zerstörerische Seelenverschmutzung runter
die Umwelt wird`s danken, alles wäre wieder bunter
zuhause umgeben von gesunder Natur, so soll´s sein
ohne Krankheit und Not, ein glücklicher Lebensweg ist Dein

Musik, die Kunstgattung die aus organisierten Schallereignissen besteht
ein Griff nach Transzendenz, die belebt und tief geht
unterschiedliche Lautstärken, Klangfarben, Tonhöhen und Tondauer
und schon durchdringt, beschwingt uns fühlbare, unvergessliche Power
es entsteht ein mitreisender, einfühlsamer Rhythmus
bei dem einfach Alles und Jeder mit muss
aus genialen einfallsreichen Beziehungen zwischen Tönen und Stimmen
entsteht tiefgehende Harmonie, Energie, man kann jeden Berg erklimmen
öffnet sich Dein vielleicht noch verschlossenes Herz für das Musizieren
mit Sicherheit kannst Du Deine Leiden entzaubern, wenigstens halbieren
Trau´ Dich was, geh´ mal aus Dir raus
verlass´ den Alltag, bring´ Phantasie in dein Heim oder Haus
lass` Dich verzaubern, verweile im Moment
öffne Dein Herz, weil es „Dein Lied" schon kennt
setzt Du noch etwas Energie obendrauf
mit Tanzen bekommt die Sache noch einen ganz anderen Lauf
Tanzen als Vergnügen oder Therapieform, als soziale Interaktion
gefühlte, gelebte Energie, der Welten bester Lohn
die Umsetzung von innerer Inspiration in Bewegung
es entsteht eine elektrisierende, metaphysische Begegnung
im Takt, im Trommelruf für die guten Geister
erschreck´ nicht, wenn er in Dich fährt, so´ n Dreister
im Natur-Nachahmen von feinfühligen Menschen geschaffen
um Glücklich zu sein und nicht um zu „Raffen"
also lasst uns die guten Geister beschwören 042
damit die Menschen wieder auf ihre Herzen hören
bei guter Laune und Musik in eine bessere Welt tanzen
ergriffen inne halten, Ankommen im Großen und Ganzen

Der Wettstreit um den einzig „wahren Gott"
Wo ich hinsehe, Leichenberge, Rechthaberei. Düsterer, mittelalterlicher Trott
„Wir, Wir, nur Wir sind die Auserwählten"
man hört Sie nicht mehr, die Stimmen der Gequälten
Man begnügt sich mit Teilwahrheiten, stützt sich auf ein einziges Buch
was anfangs gut angelegt scheint endet im kläglichen Versuch
Leben geformt aus Wasser ist in wundersamer Bewegung
es nährt sich von belebender Interaktion und Begegnung
in friedlichen Gesprächen, im Spiel, im ewigen Dialog
sich und alles „miteinander" feiern, hinein fassen in den kreativen Katalog
das Göttliche ist greifbar, fassbar und unmittelbar
drückt sich durch unser Bauchgefühl aus, warnt uns vor Gefahr
man kann sie deutlich hören unsre „Innere Stimme"
oder man übertreibt das Gebet, nimmt sie zwischen „Korn und Kimme"
wir können jederzeit alles Wählen oder Abwählen
wir können auch trauriger weise alles Andersartige gewalttätig quälen
versucht euch lieber im Gegenüber zu erkennen
dem Gruppenzwang mal entfliehen, wiederstehen, sich weniger verrennen
das Göttliche wohnt individuell, unüberhörbar, unverkennbar in uns allen
mal in „absoluter Ruhe" in sich hinein hören, tut euch den Gefallen
wer in fröhlich lachende Kinderaugen schaut
weiß sofort worauf Schöpfung angelegt ist, worauf das Göttliche baut
es ist das Spielerische, das Verträumte, das Liebenswerte   048
Kinder wollen sich wohl fühlen, hinterfragen unsre Werte
Warum fragen wir Erwachsenen nicht mehr „Warum"?
sind wir nicht mehr lernfähig? bleiben einfach stumm!
Einmal mehr dankbar sein, wieder lernen auf seine innere Stimme zu hören
sich selbst auf ein neues Zeitalter gelebter, geteilter Liebe einschwören

Wir wollen alle König, Kaiser, am besten Superhelden sein
schicken wir ihn los, ausgestattet mit Kraft, Energie und Sonnenschein
der Held verlässt seine Familie, sein Heim, sein Haus
es zieht ihn in die allzu verlockende, ihm unbekannte Welt hinaus
der Held muss zunächst einen mächtigen Gebirgszug besteigen
er überwindet mit Leichtigkeit jeden Berg, die Natur sich am Verneigen
er findet sich wieder in unendlicher Weite, in blühender Steppe
immer geradeaus laufen, anstrengender als jede Himmelstreppe
am Ende der Kraftanstrengung versperren Riesen den Weitergang
er verhandelt, verhält sich humorvoll, redet ohne Belang
der Held darf passieren, vor ihm Wasser, unheimlich, tief und weit
er baut ein Schiff, setzt die Segel, ist zu allem bereit
er muss nicht lange warten, die See sich mächtig am Aufbäumen
allen Mut, alle Kraft am Einsetzen, keine Zeit zum Träumen
das Meer beruhigt sich, jetzt taucht das mächtige Seeungeheuer auf
er bezwingt abermals, ändert der Welten Lauf
der Held überwindet weiterhin alle Angst und jedes nur erdenkliche Abenteuer
er scheut keinen Krieg, noch nicht einmal Vulkane mit speiendem Feuer
einmal um die bekannte Welt gereist gibt es nichts mehr zu überwinden
er erreicht sein Dorf, muss dringend seine Seele verbinden   049
er wird übermäßig mit Jubel und Freude empfangen
alle, selbst die Tiere, wollen unbedingt in seine Nähe gelangen
doch mit Entsetzen betrachtet der Held die ihm vertrauten Gesichter
er sieht jetzt Schergen um sich, wie in seinen Abenteuern, er erneut der Richter
er zieht sich zurück, zum Nachdenken, tief betroffen am Sinnen
hier war alles so wie unterwegs, warum musste er nur seine Reise beginnen
er hätte sich nur umschauen, in sich hinein hören müssen
die Erkenntnis öffnet schlagartig seine Seele, sie ist ihn jetzt liebevoll am Küssen

„Liebe Seele ich habe viele Fragen, kannst Du dich mir erklären?
Könntest Du mir bitte ein paar Antworten bescheren?"

„Ich gebe Dir jetzt eine, deine individuelle Antwort
ich, deine Seele, befinde mich an jedem und an keinem Ort
ich verwebe, verknüpfe Körper und Geist, man fühlt mich dahinter
ich führe, ich füge Dich im Frühling, Sommer, Herbst vor allem im Winter
einfach ausgedrückt, Seelen sind Geister die die Welt verehren, dort verkehren
„Der Mensch denkt und Gott lenkt", dem Geist Einfaches lehren
man erklärt mich mit geistigem und körperlichen „Wach sein"
euer rationales Wort „Psyche" verwehrt mir den großen Charakter im Dasein
alles wird verkompliziert und stumpfsinnig gemacht
Gefühle sind mein Ausdruck, ganz besonders wenn eine, einer lacht
die Seele drängt nach innerer Expansion, will erschaffen, will finden, will sein
will kreative Entfaltung ausdrücken, will sich entspannen bei Sonnenschein
Die Seele will behutsam, vorsichtig alles Leben anschieben
eine Möglichkeit, ein Programm, sie wünscht tief und leidenschaftlich zu lieben
alle Seelen sind untrennbar miteinander verbunden
versteht man das, so wird die eigene Seelenverschmutzung überwunden
wer bewusst und gemein andere Seelen zu Fall bringt
muss sich nicht wundern wenn er bald selbst um sein Leben ringt
einfach mal Begegnung zulassen, sich zusammen raffen 050
vorher mit konstruktiver Kritik einen geeigneten Rahmen verfassen, schaffen
die letzte Antwort werde ich dir immer schuldig bleiben
versuch` dein Leben anzunehmen, mit sich „Wohl fühlen" die Zeit vertreiben
das „Hier und Jetzt" ist die einzige Zeit die Seelen kennen
fürchte die Seelenwanderung nicht, bin dich nur vom Leib am trennen
keine Seele, keine Energie geht jemals verloren
mit euerm Bewusstsein seid ihr für das „Immer und Jetzt" auserkoren"

„In Liebe eine, deine Seele"

Idee für einen Ohrwurm/ Welthit oder Superzauberlied mit Kinderchor
„Wir Kinder sind Magie" Thomas Spiegl, 29.6.2018

Erstmal *kurze Spaßübung. Bitte die Kinder richtig lustig und total wild machen,*
dann wird es ordentlich krachen. Danach einen Zauber entfachen.
Wie von Zauberhand tritt Heilung, Lebendigkeit ein.
Mal schauen, sich was trauen

Wir werden absolut wertfrei in diese Welt geboren
mit Liebe entfalten wir uns von selbst, völlig unverfroren

Bitte habt Geduld mit uns, manchmal geht halt was schief
wir haben Fantasie, wir sind kreativ

Wir lieben und lieben geliebt zu werden
wir wollen Spiel, Spaß, wir sind der Himmel auf Erden

Wir können diese Welt nur mit dem Herzen sehen
mit uns sollen viele Wunder geschehen

„Wir Kinder sind Magie, Magie wie nie, Magie wie nie,
wir Kinder sind Magie"   (Refrain)

Mit Wahrheit und Gerechtigkeit wird die Welt umgebogen,
wir zaubern den schönsten aller Regenbogen

wir können Regen in Schnee verwandeln
mit Fantasie alles neu aushandeln

wir sind absolute Macht, wir sind die Stimmung am Heben
unerhört, liebenswert frech erzeugen wir sogar Erdbeben

„Wir Kinder sind Magie, Magie wie nie, Magie wie nie,
wir Kinder sind Magie"   (Refrain)   051

Wir werden für euch die Welt retten
seit euch darüber klar, darauf könnt ihr wetten

Entschlüsseln wir ihn, den magischen Code
und bringen die traurig angestrengte Erde wieder ins Lot
wir leben in der Welt des Relativen
unsere Realität nutzen wir leider eher im Primitiven
mit Magie können wir eine Illusion in der Illusion erzeugen
das Publikum wird hinters Licht geführt und können es bezeugen
aber woraus besteht der ganze Quatsch, woraus besteht die List
Magier überschreiten Grenzen, verstehen woraus Materie aufgebaut ist
sie können tief in die Menschenseele hineinblicken
sind feinfühlig um uns dann permanent in den April zu schicken
die Magier pendeln zwischen den Welten
zwischen dem Absoluten und dem Relativen, sind uns dreist am ab schelten
die Welt des Absoluten ist die Welt der Fantasie
Magier richten ihren Blick nach innen, finden ihre eigene, individuelle Magie
jeder Mensch kommt mit gewissen Anlagen auf diese Welt
Magier finden Zugang, werden Medium, verblüffen unterm Himmelszelt
was um uns herum passiert findet auch in uns statt
die meditativen Bilder angleichen und die Sache läuft nach einer Weile glatt
man sollte seine Energiezentren kennen und sensibel kontrollieren
seine Grenzen achten und lernen schnell zu reagieren
man muss sich einüben, mal was ausprobieren, mutig sein
unbeirrbar seinen Weg gehen und die zauberhafte Magie ist dein
man findet die Impulse in sich, muss Kind bleiben   052
aber bitte Vorsicht, mit Liebe zaubern, nichts übertreiben
seine Umwelt abwägen, seinen Körper hegen und pflegen
und der Zugang stellt sich ein, jetzt kann man die Massen erregen
die besten Magier sind jene die die meisten gleichwertigen Magier erschaffen
die kleinen Magier einweisen, sie anleiten zum Zaubertier, zum Zauberaffen

Fröhliche Lieder im Kindergarten am Singen, wir sind am „Vor sich Hin träumen"
die Schulzeit beginnt, ein mächtiges Ungeheuer ist sich vor uns am Aufbäumen
Kaum 6 Jahre alt wird uns die Phantasie, das Spielen regelrecht aberzogen
es werden fast ausschließlich Fakten und Daten gelehrt, alles ziemlich verlogen
wir müssen gezwungenermaßen jeden Tag unsere Familie verlassen
alles rein funktional, diktatorisch, wir lernen früh zu kämpfen und zu hassen
es wird ein permanenter, penetranter Wettbewerb um Noten entfacht
das Miteinander, das Begegnen, die Liebe, das was uns ausmacht wird verlacht
wo führt die rein rationale Sichtweise, profitsüchtige Weltanschauung hin?
Wo bleibt die Nächstenliebe, das Miteinander, worin liegt der Sinn?
Es entsteht eine gebastelte Weltsicht in der es scheinbar nur Antworten gibt
herzlose, selbstgefällige und überhebliche Lehrer, so gut wie keiner der liebt
je weiter der Schulalltag voranschreitet, je höher der Jahrgang
desto mehr Druck, Konkurrenz, angetrieben von mitleidlosem Zwang
Jasagen und Nachsagen macht anfänglich durchaus Sinn
leider vermitteln Pseudoautoritäten nur unendliche Gier nach Gewinn
unsre anerzogene Denkweise beinhaltet keine Weitsicht, keine Verantwortung
Hauptsache wir erhalten die Ordnung aufrecht, die Wirtschaft in Schwung
auch hier wird unsere spirituelle Herkunft einfach weggelogen
es folgt Intoleranz, gefährliche Abgrenzung, wir überspannen den Bogen
ein Lehrer sollte Vorbild, besser Familienmitglied sein
praktisches Wissen vermitteln, Spiel, Spaß und Freude stellt sich wieder ein
man sollte Erfahrung und Weisheit lehren, mehr Fragen als Antworten haben
Kreativität, Neugierde, Humor, Bewegung, nutzt alle mitgegebenen Gaben
unsre Kinder sollen und werden unsre Wertvorstellungen anfechten
wir wollen frei sein, streben von Herzen nach dem Wahrhaftigem und Gerechten
Wir können diese Welt immer noch zu einem wundervollen Ort machen
Kinder wollen glücklich sein, sie lieben Singen, Tanzen und fröhlich zu Lachen

Anleitung beim Zauberauftritt. Die Reise ins Zauberland777
25.4.2020

Das Zauberland heißt das „Morgen", ein Land indem alles schöner, lustiger und liebenswerter ist. Ein Land voll von Phantasie und Kreativität, ein absolutes, ein magisches zauberhaftes Land. Dieses Land befindet sich in unseren Herzen und damit ist nicht zu Scherzen. Es ist das Land der Liebe und keiner braucht dort Angst zu haben das es ihm an irgend etwas fehlt.

Wir fliegen ins Zauberland als Zauberadler oder als Zauberschmetterlinge, Kleine wie Große. Wir stellen ein Glas Leitungswasser in die Mitte und prüfen mit dem Pendel, Einhandrute oder am besten mit der Wünschelrute aus Stahl.

Alle heben ihre Arme für den anstehenden, etwas anstrengenden Flug. Kleine Flugübung. Dann fliegen wir los in irgendeine Richtung über das Haus eines Kindes. Wir heben ab und fliegen 100 km hoch und verlassen unsere Erdatmosphäre. Wir sind jetzt schwerelos.
Wir fliegen zuerst gegen die Sonne an der 400 Grad heißen Venus vorbei. Wir drehen eine Runde. Wir fliegen zum Merkur der sich als einziger Planet im Sonnensystem gegen die Richtung aller anderen dreht. Wir drehen eine Runde und fühlen über 1000 Grad Celsius. Wir fliegen dann direkt auf die Sonne zu, jetzt wird es sehr heiß, die Oberfläche weißt 6000 bis 7000 Grad Celsius auf. Im Inneren der Sonne sind es über 5 Millionen Grad Celsius. Es findet dort Kernfusion statt, in der Licht und alle Atome, aus denen wir bestehen regelrecht gebrannt werden. Wir alle bestehen aus Sternenstaub, der in Sonnen an unserem Nacht- und Taghimmel fusioniert wird. Kernfusion ist, wenn Atome miteinander verschmelzen und ein anderes Element, ein neues Atom entsteht. Atome werden von uns als Materie, als Feststoff wahrgenommen. Atome sind in Wirklichkeit mit hoher Eigengeschwindigkeit in Bewegung (das Elektron dreht um den Protonen und Neutronenkern, beim Wasserstoff sind es über 1 Milliarde Umdrehungen in der Sekunde). Atome sind Energiewirbel, 1 hoch minus 20, also sehr klein. Als „Abfallprodukt" bei der Kernfusion entsteht Licht und Wärme ohne das kein Leben existieren könnte.

Wir fliegen zurück an dem Merkur, an der Venus und an der Erde vorbei. Wir drehen eine Runde um unseren Mond. Dann drehen eine Runde um den Roten Planeten Mars, der vielleicht auch schon mal vor langer Zeit belebt war. Er ist rot, weil auf ihm viel Eisen vorkommt wie in unserem Blut, welches dann in uns den Sauerstoff transportiert.

Wir fliegen zum Jupiter, den ersten von vier Gasplaneten im Sonnensystem, er besteht fast ausschließlich aus Wasserstoff und Helium. Er ist der rote Riese und der größte Planet in unserem Sonnensystem.

Wir fliegen weiter zum Saturn, wir kaufen nichts ein, er ist ein Gasplanet und kein Geschäft. Auf seinem Mond Europa möchten Menschen siedeln. Ist aber „Quatsch" weil das Vorhaben viel zu teuer ist.

Als nächstes kommt der Gasplanet Uranus und der letzte Gasplanet Neptun. Wir drehen eine Runde und verlassen dann vorbei am Pluto (ehemaliger Planet) unser Sonnensystem und bewegen uns in die Milchstraße hinein.

Wir steuern direkt auf das Zentrum der Milchstraße zu, indem sich das Schwarze Loch „Sakitarius A" befindet. Ein Schwarzes Loch zieht alle Materie und sogar Licht in sich hinein. Wir lassen uns hineinziehen und purzeln auf der anderen Seite raus. Ein weißes Loch, wie nach einem Urknall. Alles ist hier spiegelverkehrt, es ist das Universum von „Morgen". Ein zauberhaftes Universum, ein Universum der Liebe, Fantasie und Kreativität.

Wir fliegen jetzt an der Andromeda Galaxie vorbei und passieren 777 weitere Galaxien die mindestens 100 000 Lichtjahre groß sind. Wir finden unsere Zaubergalaxie, tauchen ein in die spiralförmige Scheibe und nach 777 weiteren Sonnensystemen taucht unsere Zaubererde mit ihren sieben Planeten und ihrer zauberhaften Sonne auf.

Wir tauchen in die Atmosphäre der Zaubererde ein und gleiten im Segelflug nach unten, beim Landen verwandeln sich alle Anwesenden in Zauberlehrlinge und in unserer Mitte entspringt eine Quelle mit sehr starkem magischem Zauberwasser (Glas Leitungswasser). Jetzt prüfen wir mit Pendel, Einhandrute und Wünschelrute. Bitte als Referenz auch ein Kind oder Betreuer. Durch das Visualisieren, Tagträumen verändert sich die spirituelle Energie im Raum nachhaltig positiv.

Das magische Zauberwasser macht lustig, gesund und glücklich. Man kann sich etwas wünschen. Ich würde im Sommer einen Regenbogen vorschlagen, am besten doppelt und im Winter würde ich Schnee wünschen.
Eure subjektive Wahrnehmung, Freude dazu ist euer magisches Geschenk. Und mal schauen was sonst noch so passiert. Vielleicht reicht uns das Universum ein magisches Zeichen.

Eventuell das Zaubergedicht vorlesen und ein Trommelfeuer veranstalten. Den Wunsch eines jeden und der Gruppe ins Zauberuniversum hinausgeben.

„Mal schauen, sich was trauen"

Jeder der anwesenden kann bei Bedarf wieder ins Zauberland zurückkehren und sich von da Energie, Liebe, Lachen und Freude, etc. holen und mit anderen teilen.

In Ruhe und Stille
findet sich schöpferischer Wille

um uns aus dem Formlosen zu heben
um anzukommen, um freudvoll zu leben

der inneren Bewusstseinsexpansion lauschen
sich am Lautlosen berauschen

Fühlung aufnehmen
mit dem Unbequemen

Einfach mal die Form, das Fassbare wegschieben
anfangen tief und leidenschaftlich zu lieben

Sich mit Allem was ist vernetzen, verzweigen
sich in Demut verneigen

der inneren Eingebung vertrauen
aufhören auf Sand zu bauen

Balance finden zwischen den Polen,
der Lärm, die Unruhe wird weggestohlen

057   Im Moment aufgehen
wortlos, lautlos verstehen

Sich dankbar zeigen, Mut generieren
die Schöpfung einatmen, registrieren

Heilen als Gabe
Trage ich sie in mir, ob ich sie habe?
In die Tiefen meiner Seele hinabsteigen
Selbstheilungskräfte, Selbstverwirklichung mache ich mir zu Eigen
eventuell erst unter wohlwollender Anleitung
nach einer Weile bilde ich mir meine eigene Meinung
Heilung braucht Ruhe und Stille
und er wird sich fügen, der göttliche, universelle Wille
die beste Heilung von allen
Vorsorge, Aufklärung, Weitsicht bevor wir fallen
vorhandenes Wissen umsetzen
praktische Erfahrung nicht unterschätzen
die Dinge einfach halten
öfter mal, vielleicht in Meditation abschalten
die lokale Heilkraft von Wasser miteinbeziehen
nicht bis an das Ende der Welt fliehen
ein guter Helfer ist ein entwaffnendes, herzliches Lachen
und öfter mal lustige spaßige Sachen machen
den Tod als schmerzhaften Wandel sehen
nichts und niemand muss für ewig gehen   058
einen gesunden Umgang mit der Angst pflegen
nach Trauer und Schmerz ist immer Lachen und Freude zugegen
und glaubt nicht ständig irgendwelchen allwissenden Narren
lasst euch nicht einfangen, zieht nicht jeden unsinnigen Karren
dem Leben einen nachhaltigen Sinn geben
weniger nach dem Reichhaltigen streben
den Moment, die Ruhe genießen
bis Schmerz und Leid letztendlich die Seele verließen

Die vierte Dimension, die Zeit
welcher Tag? Wie viel Uhr? Wann ist es soweit?
Zeit ist relativ, sie existiert nur in unserem Empfinden
auf Quantenebene ist sie nicht zu finden
Zeit ist unser wertvollstes Gut
warum dann all die Eile, bitte „ruhig Blut"
als Kind vergeht die Zeit langsam, ist oft am Stehen bleiben
im Erwachsenalter beginnt eine Raserei, wir übertreiben
sich und andere mit Zeit beschenken
sich einen ruhigen Moment ausdenken
nutzt man Zeit effektiv? Lässt man sie „sinnvoll" verstreichen?
Öfter mal inne halten, sie neu stellen die „Zeitpfeilweichen"
wertvolle Momente dauern etwas länger, beinhalten Ewigkeit
unerwünschtes Verweilen quält, gewinnt an Zähigkeit
im Foto, im Film, wollen wir Zeit einfangen
alles ist, alles bleibt, keiner muss um Verlust bangen
mit Sprache und Geschriebenem können wir Zeit bewahren
Erfahrung, Weisheit weitergeben, damit Leid ersparen
man sagt Zeit heilt alle Wunden   059
ab und zu wird lohnender weise göttliche Teilhabe entbunden
ein „Ewiger Moment unendlicher Schönheit"
vielleicht irgendwo im Nirgendwo, ein Punkt der befreit
aufblühen, sich wandeln, Freude versprühen
die Zeit anhalten, sich um Liebe bemühen

Man sagt Wahrheit ist eine „bittere Medizin"
sie ist beängstigend, etwas vor dem wir gerne flieh`n
aber wie kann man Wahrheit definieren?
sie finden und portionsgerecht servieren?
Wahrheit geht mit Ehrlichkeit einher
das umzusetzen fällt vielen Menschen unglaublich schwer
es scheint universelle, übergeordnete Wahrheit zu geben
das „Wohl sein" wird gefördert, etwas wonach alle streben
wir suchen oft nach endgültiger Wahrheit in unsrem Umfeld
gefühlte Wahrheit ist etwas das von innen heraus erhellt
sie stößt Veränderung an
damit sich Neues sortieren kann
Wahrheitsfindung wird uns in die Wiege gelegt
schaut nur wie ein gut behütetes Kind den Umgang damit pflegt
Wahrheit beinhaltet das Liebenswerte
auch und gerade bei einer konstruktiven Beschwerde
die Konsequenz ist Gerechtigkeit, das Herz unterschreibt
gefühlte Wahrheit ist und bleibt   061
alles in Gesetzen und Vorschriften niederschreiben
etwas Bewegliches dingfest machen, wir neigen zum Übertreiben
findet Wahrheitsfindung nur am Rande statt
schreibt es auf jedes Plakat: „Ich habe es satt"
man braucht Dialog, ein wohlwollendes Gegenüber
danach steht ein klein geschriebenes Wort „Wahrheit" darüber
wie Kinder unbefangen an die Sache ran gehen
man fördert sein Eigenes und der Menschheit Bestehen
den Nadelstich, den Schmerz überwinden
es lohnt sich immer „tiefgründige Wahrheit" zu finden

Heute schon mal herzhaft gelacht?
Oder irgendwelche lustigen, verrückten Sachen gemacht?
Wir gehen leider allzu oft ohne Mimik aneinander vorbei
Lachen hilft doch Begegnen, macht einfach frei
selbst Tiere sprechen auf ein spontanes Lachen gut an
ein Moment zum Zentrieren, indem man runterfahren kann
ein liebenswertes Lachen bewegt alle Muskelgruppen
unsere innere Schönheit kann sich zeigen, regelrecht entpuppen
jedes kleine Kind kann ein ehrliches Lachen unterscheiden
ein aufgesetztes Lachen ist es sofort am Meiden
Lachen als hervorragende, kostenlose Medizin
wir bekommen göttliche Teilhabe gelieh`n, verlieh´n
062   Lachen steckt an, zum Gesunden
selbst größtes Leid wird damit phasenweise überwunden
Lachen funktioniert am besten ohne jegliche Drogen
ist man davon beeinflusst wirkt es verlogen
unser liebenswertes, entwaffnendes Lächeln ist angeboren
bemüht euch, gebt es nicht ständig verloren
alle Kinder sind gerne am Lachen und Kichern
um sich, uns zu bewahren und zu versichern
ist irgendwo Lachen unerwünscht, sogar verboten
setzt alles dran, entfernt euch, löst den Knoten
herzliches Lachen kann man nicht erzwingen
aus dem Bauch heraus, damit kann es gut gelingen
mit einem entwaffnenden Lächeln unterwegs sein
und das Positive und Liebenswerte stellt sich ein
also mehrmaliges, tägliches Lachen nicht vergessen
und sich an emotionalen Wertigkeiten messen
Lachen ist pure Magie
tragt es in die Welt und verzaubert sie

Atome, Moleküle gehen schnell und eifrig Verbindungen ein
der Zustand wird stabiler, Quantenliebe soll es sein
alle Lebewesen streben ebenfalls nach Partnerschaft
blitzschnell wird sich zusammengerafft
Im Universum wird bewusste Vollkommenheit ein gebucht
bewusste Unvollkommenheit regelrecht verflucht
das Dienliche ein pflegen
das Unvorteilhafte wegfegen
am besten ungezwungen
dann ist es notgedrungen
am Ende gut gelungen
egal was Du wählst, es macht was mit Dir
wir können Partner bewusst frei wählen, effektiver als jedes Tier
Beziehungen sind ein universelles Gesetz. Wir streben nach Einheit
nach formloser, spiritueller Reinheit
manche Vereinigung ist nur für einen einzigen Moment geschaffen
ein süßes Stück Ewigkeit vor dem finalen Erschlaffen
unsere Beziehungen, unsere Liebesfähigkeit fördern, pflegen
wir befinden uns viel zu viel auf Abwegen   063
wir sind alle untrennbar miteinander verbunden
durch praktisches Umsetzen wird Weltschmerz überwunden
überall, in alles Liebe ein buchen, ein pflegen
Glück und Zufriedenheit stellt sich ein, ist dann all Zeit zugegen

Den Humor, den lieben doch alle Frauen
im Menschengeschlecht sind sie auch ganz klar die Schlauen
er stößt den gut behüteten Nachwuchs freudvoll an
damit er sich aufgemuntert gut entwickeln kann
Humor produziert entlastendes Lachen
er entspannt, drängt zum Weitermachen
schwarzer Humor
führt meist zum Eigentor
und beißender Zynismus
ob das immer so sein muss?
ein kleines Kind als Referenz
die wissen wie es geht, die Pänz
„Stand Ub Comedy" funktioniert am besten mit den Kleinen
Hauptsache ungezwungen lachen, egal was alle meinen
auch im Leid kann man lachen, Trost finden
und dabei seine eigene Zukunft visuell neu erfinden
es gibt Dinge über die sollte man nicht lachen
trotzdem behaltet sie im Auge, die lustigen, spaßigen Sachen
Humor ist natürlich auch provokant   064
das Salz in der Suppe, wer das wohl erfand`?
jemanden wegen seiner Schwäche auslachen?
lacht doch zusammen, dann kann es ordentlich krachen
es gilt wohl wie immer das richtige Maß zu finden
mit Spaß am Leben könnte so manches Leid verschwinden
er kitzelt den ganzen Körper durch, guter Humor
bis so manch` einer vorübergehend den Verstand verlor
versucht es, schiebt sie beiseite, die sorgenvollen Fragen
mit Humor wird es sich finden, lässt sich vieles leichter ertragen

Eine mögliche Anleitung zum individuellen Gebet
so wie es vielleicht etwas entspannter geht
an den Worten Segen, Halleluja, Heilig, Gott klebt zu viel Blut
aber wie soll es gehen, wie wird es gut?
Zum Himmel hochschauen, monoton hoch jaulen?
so kann man das „Was uns antreibt" doch eher vergraulen
im Gebet erklären:" Wir haben die Herzen beim Herrn"
mir wird unwohl, da sind sie weit und fern
mit der „letzten Wahrheit" ausschließlich um Macht und Geld ringen?
auf Halbwahrheiten, Lügen aufbauen, sich gegenseitig umbringen?
Mit „transzendentem Klugscheisen" die Welt bereisen
ich fühle mich unwohl, es lässt nichts Gutes verheißen
Gruppenzwang beschleunigt gefährlich eigendynamisch
schaut in die Welt, es verhält sich dramatisch
ein wohlwollender zwischenmenschlicher Dialog als Gebet
zusammen überlegen wie es besser geht
im „Praktischen Gebet" die neuen Lösungen umsetzen
alle miteinbeziehen, auch die auf den hinteren Plätzen
wenn man richtig Tuchfühlung aufnehmen will
dann wird es meist ganz ruhig und still
das „Was uns antreibt" direkt ansprechen
die Antwort wird so manchen zerbrechen
065   den Weg zur, in die Natur finden
das Allein sein annehmen, seine Urängste überwinden
bezieht es ein, das „Praktische Gebet", in den Alltag
man schmiedet ihn immer wieder neu den spirituellen Vertrag
mal in Ruhe verweilen, wir lassen uns allzu gerne ablenken
ist es wirklich so schwer, Aufmerksamkeit und Teilhabe zu schenken?
eine Möglichkeit von vielen, das „Praktische Gebet"
damit es irgendwann hoffentlich besser um diese Welt steht

„Ich will viel, am besten alles Geld"
egal ob um mich herum die Welt brutal zerfällt
die Langeweiler und sexuell Unattraktiven sind nach Geld gierig
ansonsten wäre es wohl mit dem Fortpflanzen schwierig
vor allem Frauen und Kinder werden schamlos ausgenutzt
und dann unverschämt werden wenn doch mal jemand stutzt
Mit Geld auf eine billige Weise Recht und Macht erzwingen
sich und andere unsinnig blenden mit materiellen Dingen
Geld steht immer für irgendetwas
beim näheren Hinsehen macht es meistens keinen Spaß
Geld kann man bekanntlich nicht essen
nur der „leibhaftige Teufel" ist davon besessen
als „moderner Raubritter" unterwegs sein
damit erwirbt man sich bestimmt keinen Heiligenschein
Geld ist wie Wasser eine starke Energie
Mit Geizen und Verheimlichen blockiert man sie
Geld sollte für die Menschen arbeiten, in Bewegung sein
ein nachhaltiger Verwendungszweck, legt Sinn hinein
es macht Sinn Kapitalvermögen zu begrenzen
es schmerzt wenn einige Wenige auf Kosten anderer faulenzen
es macht Sinn die Ansprüche der Frauen zu stärken
die Gemeinheiten aufdecken, nichts verbergen
sich nicht dieser synthetischen erfunden Sache über Maßen hingeben
man nimmt sich gefährlich wichtig, verpasst das Leben
unser wertvollstes Gut ist die Zeit
Verweilen schenken befreit   066
den sinnvollen Umgang mit Geld in den Schulen lehren
wir bekommen die Quittung, vergessen einfach die Natur zu ehren
man sollte dringender weise alle Geldbewegungen offenlegen
in einer geeinten Welt wäre sofort Gerechtigkeit zugegen
„Faire geteilte Moneten
retten den blauen Planeten"
ein freundliches Lächeln kostet nichts, und besten Falles
bekommt man damit alles

Ein besinnliches Gedicht
erhellt der Seelen Licht
ist es gut geschrieben
werden es viele lieben
sind es einige gute Gedichte
schreiben sie womöglich Geschichte
man kann dem Seelenleben Ausdruck verleihen
sich und der Welt verzeihen
man kann umsonst die Stimmung heben
alles um sich herum beleben
man kann alles neu informieren
und sich neu sortieren
man entfaltet des Bewusstseins ganze Macht
verändert die Welt über Nacht
Gedichte sind pure Magie
durch Reime spürt man sie
der Reim als Wirkverstärker
ihn wegfegen den Ärger
eine Wissenschaft draus machen
dann wird man drüber lachen   067
einen Reim spontan in die Welt senden
das „Unwohlsein" beenden
ein guter spaßiger Reim
bleibt in der Seele lange daheim
die Seelen entlasten
einen Moment vergnügt rasten

Die Frauen, Magie wie nie
fleischgewordene Superenergie
sie sind grazile, anmutige Wesen
für etwas Besonderes auserlesen
sie bestechen durch ihre unglaubliche Schönheit
sie sind vollendete formgewordene Reinheit
man sollte ihnen immer huldigen
sich oft bei ihnen entschuldigen
schaut den Frauen tief in die Augen
lächelt mit ihnen, lasst das Aussaugen
das uns Mutter Erde so etwas Schönes beschert
auf das man sie noch in einer Millionen Jahren verehrt
in ihrer Gegenwart spricht man Wahrheit
sie verschaffen uns liebenswerte Klarheit
befände sich alle Macht in ihren Händen
diese klugen Wesen würden sofort jeden Krieg beenden
sie wissen was es heißt Kinder zu gebären
sie angemessen zu pflegen, zu nähren
Frauen reden nicht leichtsinnig Konflikte herbei
sie wissen, ein Verlust wiegt schwer wie Blei
also ihr lieben liebenden Frauen
habt Mut, habt Vertrauen
die patriarchischen Grenzen durchbrechen
zu viel Überlastung könnte sich rächen   068
ohne Frauen würde man achtlos weiter zerstören
ihnen sollte alles Gold und Silber dieser Welt gehören
mit viel Liebe bringen sie wärmendes Licht
der „Liebe Gott" hält mit den Frauen was er verspricht

Selbständigkeit, Eigenverantwortlichkeit
seid ihr dafür bereit?
sich Autonomie bewahren
nicht wie der Rest verfahren
weniger Kompetenzen abgeben
nach Selbstverwirklichung streben
freiheitsliebende Menschen schaffen, Kinder früh anleiten
der dringend notwendigen Veränderung den Weg bereiten
den bequemen Weg verlassen
sich wiedersetzen, Mut fassen
das Jasagen und Nachsagen runterfahren
das Herz einschalten mit Verstand, dem Klaren
das Alleinsein annehmen
sich weniger schämen
ist der Ruf erst einmal ruiniert
lebt es sich ganz ungeniert
mit Eigenverantwortung verändert man über Nacht
egal ob jemand hinterhältig und gemein lacht
sich seine eigene Meinung bilden, konsequent handeln
es gibt zu viele die unsere schöne Welt verschandeln
der „Freie Wille" scheint verloren
alle nur rein rational eingeschworen
mit Machtgier und Geldgier blenden
emotional dastehen mit leeren Händen
sich niemals aufgeben   069
sich mit Gleichgesinnten verweben
Eigenverantwortlichkeit generieren, lehren
und damit die wunderbare Schöpfung ehren

Das umstrittene Ding
mit dem ungebetenen Flüchtling
kann man noch differenziert betrachten?
oder muss man gleich, wie viele, hassen und verachten?
kann man alles mit angeblich fehlendem Geld erklären?
und dringend notwendige Hilfe verwehren
es ängstigt, wenn Weltanschauungen aufeinander prallen
muss man wirklich gleich blutrünstig die Fäuste ballen?
diese bedrängten Menschen sind genauso anders wie wir
schiebt sie mal beiseite die Geld und Habgier
sicher sollte man arme und gebeutelte Seelen regulieren
aber eines Tages werden sie dir vielleicht eine Pizza servieren
die hier ankommen sind unser Reichtum von morgen
wir sind lediglich Starthilfe am Borgen
weiter den friedlichen Weg beschreiten, klar benennen
lernen sich im Gegenüber zu erkennen
vor Ort an lebensbejahenden Verhältnissen arbeiten
niemand muss in dieser Welt unnötig leiden   070
den kleinen wie großen Warlords Einhalt gebieten
nur so werden zukünftig Flüchtlingsströme vermieden
einige wenige Mächtige befinden sich permanent auf Raubzug
mit irreführender Propaganda, mit Lug und Betrug
genauer hinsehen, den Dialog suchen, differenzieren
nur so können wir unser eigenes Überleben garantieren
bedenkt, wir haben todbringende Atomkraftwerke vor Ort
eines Tages laufen wir 3000 km fort
die Schöpfung zielt auf „sich wohl fühlen" ab
schauen wir weg, machen wir ebenso schlapp

Rassismus, Faschismus
destruktive Energie im vollendeten Fluss
worin liegt die Ursache?
jeder überflüssigen Blutlache
ist Nachdenken erlaubt?
wenn man Menschen ihrer Würde beraubt
Menschen als Sklaven halten?
sie ausrauben und bürokratisch verwalten
verantwortungsvoll lügen und betrügen
sich mit Lieblosigkeit begnügen
üble Propaganda verbreiten
das Andersartige meiden
Erst schlagen
dann fragen
als wildes Tier hassen
Hauptsache Dampf ablassen
die Schöpfung mit Füßen treten
ich warne einen Jeden   071
man erntet das was man sät
der Tag kommt, und dann von früh bis spät
es geht um Besitzstand wahren, um Wirtschaftsinteressen
zu viele sind von Geld und Machtgier besessen
das Angsttrauma der Jahrtausende aufarbeiten
mit Wahrheitsfindung andere Lösungswege beschreiten
die Seelenverschmutzung runterfahren
ansonsten wird man die Menschheit aufbahren
gebt jedem Menschen eine bessere „Freie Wahl"
gerecht sein, beendet diese fürchterliche Qual
ein entwaffnendes Lächeln aussenden
die eigene Unwissenheit beenden
wir Menschen können viel mehr
fällt Auseinanderzugehen wirklich so schwer?
es muss einen besseren Weg geben
vor dem nächsten alles vernichtenden Weltbeben
bitte... ich will leben

Rituale kann man beliebig erfinden, als wiederkehrende Tradition
wie wäre es mit etwas belebenden, spaßigen, der Welten Lohn
es soll sich einfinden am 21 Juli, eine Woche lang
freiwillig, alles Teilen, mal ohne Zwang
das Datum beinhaltet mehrmals die vollkommene Zahl Sieben
die guten Geister eilen herbei, alle werden es lieben
„ein magisches Fest" der Begegnung
mit energetisierender, universeller Segnung
das Materielle tritt in den Hintergrund
wir erneuern, festigen den spirituellen Bund
jeder auf seine eigene Art und Weise
das „Göttliche" findet sich ein, sehr sanft, ganz leise
sich und die Welt feiern an warmen Tagen
mal was Neues zulassen, Veränderung wagen
die einfache, liebenswerte Geste zählt
Dinge klären wenn etwas quält
„Das Fest der Magie", ein simpler Name
sehen wird der Blinde, gehen wird der Lahme
den Blick nach innen richten   073
einige Momente auf Ablenkung verzichten
es geht nicht um Protzen und Prahlen
mit emotionalen Wertigkeiten sollte man bezahlen
man hält die Feierlichkeiten bescheiden
nur so kann sich tiefgehende Liebe ausbreiten
schlussendlich gibt es keine Vorgaben
einfach dankbar sein, sich an der Schöpfung laben
„das magische Fest" ist jetzt erfunden
ich wünsche viele vergnügte und zauberhafte Stunden

Die Steinzeitmenschen waren 2 bis 3 Stunden jagen
und wir lassen uns von der Stechuhr plagen
Hauptsache jeden Tag perfekt funktionieren
Überstunden ohne erholsame Pausen garantieren
unfähig seiner inneren Stimme Folge zu leisten
als Herdentier alles machen wie die Meisten
der Stillstand wird als bedrohlich wahr genommen
es gilt die volle Leistung, die Anerkennung hin bekommen
von Kindes Beinen an gut, zu gut eingeübt
damit kein berechtigter Widerstand das Wässerchen trübt
wie kann man nur seine Arbeit kündigen?
sich an der Gemeinschaft versündigen?
irgendwann kommt das Übereilte doch zum Erliegen
eine Gelegenheit, eine Chance zum Abbiegen
schnell wird klar, man ist alleine
unübersehbar all das Gemeine
in Ruhe und Stille   074
findet sich der eigene, schöpferische Wille
man lernt andere Wege zu beschreiten
fängt an sich besser zu leiden
umschulen auf Eigenverantwortlichkeit
die von innen heraus befreit
laß ´die anderen nur reden
besser die eigene Meinung konsequent vertreten
sollen die Unbelehrbaren doch ausbrennen
schade das sie keine vitalisierende Pause kennen
entfaltet euer kreatives Potential
jeden Tag, es ist eure Wahl

Die Kontrolle
zwanghaft, am besten die Volle
können wir nicht kontrollieren
haben wir sofort Angst alles zu verlieren
weitreichreichende Konsequenzen werden übersehen
nur wir dürfen weiter bestehen
totale Kontrolle erwürgt jeden Spielraum
zerbrochen wird jeder individuelle Traum
bis wohin macht Kontrolle Sinn?
warum nehmen wir das Übermaß gleichgültig hin?
sollen die teuflischen Drohnen doch aufsteigen
nach dem Motto: „Wir machen uns die Welt zu eigen"
mit Sensoren und Kameras alles überwachen
lassen wir die Bomben richtig krachen
075 der Kontollfreak
der will den Krieg
Überwachung engt die Menschen bedenklich, unwürdig ein
es wirkt einfach nur verachtend und gemein
kaum möglich sich ins Private zu fliehen
pervertierte technische Hörigkeit wird nicht verziehen
nur wenige sind um Aufklärung bedacht
wehe dem wenn einer mal nicht mit macht
wir sind anfällig, unterliegen zu schnell dem Gruppenzwang
ignorant lauschen wir der Soldaten Gleichschrittklang
nur durch konsequentes Hinterfragen und Verstehen
werden wir uns in einer besseren Welt wiedersehen

Ein Hermann Hesse schreibt Glück sei rein objektiv
eine Umarmung mit dem Leben, sehr sinnlich und tief
die Antwort scheint ambivalent
genauso subjektiv, ein Gefühl das jedes Herz kennt
alle Menschen suchen das Glück
es findet sich leider nur Stück um Stück
so instabil und flüchtig
wir eifern oft verloren, werden schnell süchtig
ein Zustand meist unerreichbar und kompliziert
fühlt man Glück wird Unendlichkeit serviert
ab und zu im Lebensfluß versteckt
wenn man sich plötzlich nach dem Transzendenten reckt
ein sagenumwobener Rausch
ein energetischer, universeller Liebesaustausch
wir dürfen der inneren Eingebung lauschen
die Hast, die Unruhe eintauschen
Glücklich sein steigert unser Wohlempfinden
lässt des Lebens Last schwinden
wie so oft entscheidet das Maß
übertreibt man verblasst jeder noch so glückversprechende Spaß
Glück empfinden wird uns in die Wiege gelegt
schaut nur was unsere Kinder so bewegt
einen glücklichen Moment verzehren
damit sein Gegenüber ehren
einfach mal Glück schenken
sich etwas Nettes, Schlichtes ausdenken
Glück liegt im Teilen   076
die Zeit anhalten, im gemeinsamen, gemütlichen Verweilen
ein spiritueller Schulterschluss
ein demütiger, anmutiger Genuss
Glücklich sein steht allen Menschen zu
mit einem Lächeln wandelt man wunderbar, im Nu
findet sich Glück, natürlich individuell
verzaubert leuchtet die Seele unvergesslich hell

Unsere Motivation
kennt ihr die Antwort schon?
sich fragen was einen so antreibt
hinterfragen was von uns bleibt
worin liegt des Lebens Sinn?
bekomme ich jeden Tag tiefe innere Zufriedenheit hin?
Immer wieder seinen Platz im Universum suchen
ein gesundes, friedliches Umfeld buchen
sich Rückmeldung holen bei Freunden, Bekannten, Kollegen
gute Begleiter um sich scharen auf allen Wegen
wenn möglich die Dinge positiv besetzen
aufhören sich und andere unbedacht zu verletzten
Übermotivation kann genauso schaden
sich nicht mit Reizen überladen
Spaß und Lebensfreude in den Alltag einbauen
seiner inneren Stimme vertrauen
seine ureigenste Bestimmung finden
sich mit dem Göttlichen verbinden
fragt man sieben Mal warum
dann erscheinen die meisten Beweggründe entsetzlich dumm
Liebe ist das einzige universelle Programm
damit bricht selbst der dickste Damm
ich möchte mich wohl fühlen
die Unruhe um mich runter kühlen
077   Motivation weiterreichen
Hilfestellung geben beim individuellen Eichen
die Antriebsmechanismen einfach halten
öfter mal einen Gang runter schalten
ist man richtig motiviert
wird der entsprechende Energiefluss garantiert
die Seele findet sich im Sein
mit viel vergnügtem Sonnenschein

Die Hände in die Hüfte stemmen
die Angstimpulse hemmen
wie die Pferde ab schnauben
den Mut hochschrauben
die Wirbelsäule spüren
es soll zu Wohlempfinden führen
einfach laut schnäuzen
mal tief durch seufzen
sich mit einem Duft verwöhnen
so einem wohltuenden Schönen
auf einem Bein stehen
inne halten statt weitergehen
mit den Fingern schnippen
sie aneinander tippen
Licht an und Augen auf
so kommt man gut drauf
breitbeinig gehen
mutig in die Welt sehen
Handwechsel und Seitenwechsel im Gehirn
ich biete der Angst die Stirn
ein richtiges Trommelfeuer veranstalten
die Angst zusammenfalten   078
die Zunge lustig bewegen
die Anspannung hinwegfegen
die Brust klopfen und reiben
dein Leben unterschreiben
die Liebe stellt sich ein
man findet sich im Sein

Warum eigentlich penetranter Egoismus?
Ob das wirklich immer so sein muss?
Augen auf, schaut in die wunderbare Welt
die gerade durch Gier und Selbstsucht zerfällt
nur Angsthasen wollen immer mehr und mehr
es geht um Sicherheit, das zu verstehen scheint schwer
Geiz, Narzissmus ist ganz gewiss nicht geil
er stumpft ab, verletzt unseren feinfühligen, seelischen Teil
schaut man nur auf sich, steht man am Ende einsam da
es bleibt aus das herzliche, belebende, gemeinsame „Ja"
von Kindes Beinen an gegeneinander in Konkurrenz gebracht
irgendwann ist das keiner mehr der da lustig, herzhaft lacht
bleibt das Begegnen und Miteinander aus
Egoismus ist pures Gift, führt bis zum Leichenschmaus
keine will es dann wieder gewesen sein
marschieren grausame Armeen in andere Länder ein
Selbstsucht verursacht Angst, Eifersucht, Wut, Hass, bis zum Krieg
am Ende steht dann wieder das „Heil" bis zum „Endsieg"
ist es wirklich so schwer auf einander zu schauen
den ersten Schritt wagen, sich mutig was trauen
es zählen die einfachen Gesten und Worte   079
und schon öffnet sich die himmlische Pforte
es ist wichtig sich in seinem Gegenüber zu erkennen
gemeinsame belebende Ziele klar benennen
hält die Lieblosigkeit in der Welt weiter an
wundert euch nicht wenn bald das Chaos beginnen kann
es ist der Menschen oberste Pflicht
mit Nächstenliebe teilen, bevor diese schöne Welt zerbricht
wieder lernen auf seine innere Stimme zu hören
sich selbst auf ein neues Zeitalter der Liebe einschwören

Herzlich willkommen in der Onkologie
„ Lieber Gott" bitte, mir zittern die Knie`
am Ende der irdischen Welt angekommen
mir wird schlecht, das Herz wirkt beklommen
zum Ende hin wollen wir alle Zeit gewinnen
Hilfe, jetzt bin ich bald entstellt und von Sinnen
der ewige Bewusstseinswandel steht an
wie ich dem nur begegnen kann?
Seit Anbeginn der Zeit, dem Urknall
wandelt sich geheimnisvolles Leben überall
4 Milliarden Jahre zurück, es entstehen Einzeller
vor 700 Millionen Jahren bewegen sich komplexe Lebewesen schneller
ein Tier geht ins andere über
auch an uns geht das nicht vorüber
wir nehmen das Materielle, das Fassbare viel zu wichtig
am Abgrund wird jetzt jede Gier und Gemeinheit nichtig
das Leben zieht wieder und wieder an uns vorbei
mit Tapferkeit und lieben Menschen kommen wir nochmal frei
es gibt nur eine Zeit, das „Hier und Jetzt"
im Moment verweilen, es wird oft unterschätzt
sind wir nicht hier, sind wir anderswo
vielleicht irgendwo im Nirgendwo
wir sind fleischgewordene Energie
Homo Saphiens Magie
an diejenigen die vorerst bleiben
bitte Wahrheit, Gerechtigkeit, Freiheit eintreiben
dieses Gedicht soll trösten und Mut machen
nach Leid und Trauer kommt auch wieder Lachen
der Tod und das Leben sind eins, durch Dunkelheit ans Licht
ohne Schmerz funktioniert das leider nicht
denkt daran, das Universum kann sich durch uns Menschen selbst erkennen
sich in Liebe zum ewigen Wandel bekennen

Ich, euer Thomas bin zum Himmel aufgefahren
Tränen und Trauer kann ich euch nicht ersparen
in anderen Kulturen beginnt jetzt eine belebende Feier
bei uns eine langweilige, erdrückende, lähmende Leier
in Gedanken und Gefühlen könnt´ ihr mich weiterhin fassen
also hebt noch einmal mit Freuden die Tassen
an meine Freunde, Lieben, erinnert meine Zauberschau
das emotional Gute, Erlebte ist es jetzt worauf ich bau`
unser Leben nur mit dem Verstand fassen
die letzte Antwort kennt keiner, ich würde es lassen
alles ist liebevoll miteinander verbunden
nichts geht verloren, Stuf` um Stuf` wird überwunden
setzt sich auch bei euch der ewige Bewusstseinswandel in Gang
seit Gewiss`, auf der anderen Seite nehm` ich euch in Empfang
haltet öfter mal in Ruhe und Stille inne
auch das wäre in meinem Sinne
es gibt einen Moment der „Verborgenen Schönheit"
ihr fühlt nochmal meine Gegenwart, ich hoffe ihr seid dafür bereit
durch den Tod in das Leben, durch Dunkelheit ans Licht
ohne Schmerz funktioniert das leider nicht
ich schicke euch viel Liebe und Mut   081
ihr werdet fühlen das euer Thomas nicht ewig ruht
lasst euch von der Angst nicht das Leben zerstören
fangt endlich an auf eure innere Stimme zu hören
ich befinde mich jetzt an einem Ort unendlicher Liebe
bitte entschuldigt wenn ich sie schon mal zu euch schiebe

Zuviel müde und erschöpfte Augen, egal wohin man schaut
keine Ruhe, keine Stille, die Zivilisation erdrückend, zermürbend laut
unüberhörbar, unübersehbar, der Mensch ein verdammter Vernichter
wir finden und lauschen ihm nicht dem kreativen, rettenden Dichter, Richter
Wo soll die eigentliche Reise hin gehen?
unfähig inne zu halten, anzuhalten, überfordert im banalen Verstehen
10 000 Jahre organisiertes Morden, Plündern, Vergewaltigen und Rauben
beim drüber nachdenken fällt man ab vom Glauben
In fiesen widerlichen Zwängen, in erdrückender Angst permanent am Bangen
geblendeten Menschen kann man jede Grausamkeit abverlangen
gleichgültig hinnehmen, die furchtbare Seelen und Umweltverschmutzung
kranker Geist, entartete technische Hörigkeit, bösartigste Nutzung
ganze Landschaften werden für unseren Hunger nach mehr niedergebrannt
ohne nachhaltigen Sinn, scheinbar ohne belebenden Verstand
höher, weiter, schneller, besser, alle Lebewesen streben nach dem Absoluten
wir erreichen es zu Lebzeiten nicht. Für Schwachsinn bluten?
Die Natur und ihre Wesen streben nach „Wohl sein"
denkt nach, mit neuen Ideen, den einfachen Kreativen findet es sich ein
der Mensch als höchste irdische Bewusstseinsstufe
setzt sie ein die „Freie Wahl", folgt dem innigsten aller Rufe
sich mutig und klar zu einem „Ja" oder „Nein" bekennen
weitsichtige, nachhaltige, vitalisierende Ziele klar für sich benennen
auch wenn Aufbegehren unheimlich schwer fällt
steh` auf, sei` dein eigener kleiner Held
dein Antriebsmechanismus sollte Liebe sein
auf Einengen, in Angst halten folgt niederschmetternde Pein
mal das innere gefühlte Chaos zulassen   082
sich einfach mal Zeit nehmen, das Transzendente fassen
Verbindung aufnehmen mit der Quelle allen Seins
mit Wahrhaftigkeit werden wir dann, sind wir dann eins
ab jetzt gilt;   Sieben, Sieben, Sieben
einfach mal;   Lieben, Lieben, Lieben

Wie kann etwas vergehen was bestimmt ist zu sein
ich wehre, beschwere mich, sage laut und leise „Nein"
ich verändere immer wieder die Perspektive
laß´ mich fallen, erspüre die tröstende, flüsternde Tiefe
ich setze Magie, meinen mächtigsten Zauber ein
der Lohn, ein letzter „Magischer Moment" gehauen in Stein
noch einmal alles um sich herum positiv anstoßen
laß ´die ewigen Wellen heran rauschen, lausche demütig dem Tosen
tauche ein in das unendliche, alles bestimmende Meer
Abschied nehmen, es fällt leicht und schwer
in freudiger Erwartung den ruhigen, ehrlichen, fairen Moment abpassen
um mit meiner Wahrheit diese Welt zu verlassen
die Schöpfung einatmen, bittersüß auch wenn es quält
jeder sinnhafte Augenblick, Atemzug das ist alles was zählt
nur nicht vor dem Unvermeidlichen zurückweichen
gleichzeitig dem „Lieben Gott" und den Menschen die Hand reichen
versuchen jede Verletzung, Verbitterung beiseite zu legen
mit Tapferkeit voran schreiten, damit fröhlich die Herzen bewegen
inneren wie äußeren Frieden finden
damit der Gesunden, Funktionierten Seelen verbinden
mal herzlich lachen, das Destruktive zurück drängen
die Seele wünscht frei sein, lässt sich nicht einengen
irgendwann folgt Akzeptanz
voll und ganz   093
die gefundene Magie mit aller Macht antreiben
den unendlichen, alles belebenden Zauber unterschreiben
das spirituelle Band, es steht
damit sich der Wind in die beste, günstigste Richtung dreht
einen letzten magischen Wunsch ins Universum senden
dann kann es ruhig und friedlich anfangen und enden

Maikäfer flieg`, das Zauberland wird abgebrannt
die Menschen verhalten sich ohne Sinn und Verstand
über allem liegt ein düsterer unheilvoller Schatten
vor dem Zauberland formieren sich die Ratten
an der Zaubergrenze bricht ein furchteinflößender Abgrund auf
brutaler unausweichlicher Angriff, das „Böse" legt Schiebe um Schiebe drauf
kreidebleich, alle kleinen wie großen Magier von Angst endstellt
es findet sich kein rettender Held
die kleinen wie großen Zauberer ziehen widerwillig in den Krieg
ausgezaubert, lieblos niedergemacht, der „Teufel" schreitet zum „Endsieg"
überall verbrannte tote Erde
die dunkle Armee bricht jeden Widerstand, es verstummt jede Beschwerde
die Natur welkt, das Wasser mit Lügen und Ungerechtigkeit vergiftet
der „Teufel" wurde zu oft geliftet
jeder noch so heldenhafte Widerstand ist nun gebrochen
das Gute, die Liebe hat sich aus dem Zauberland verkrochen
da liegen sie nun die entstellten Körper, die leblosen Kinder
das „Böse" ein kreativer, unbarmherziger Leid Erfinder
jeglicher Zauber, alle Magie kommt zum Stillstand
die dunklen Mächte triumphieren, völlig außer Rand und Band
eine letzte Träne berührt den Boden
Lachen, Glück und Freude ist jetzt für alle Zeiten verboten
kein guter Samen kann jetzt mehr im Zauberland Wurzel schlagen
alles entzaubert, kein kindliches liebes „Warum", nur düstere Plagen
leise in der Ferne, ein verzweifelter Liebe suchender Aufschrei
erdrückende, unheimliche Stille, das „Böse" hat es vollbracht, es ist vorbei
086   Maikäfer flieg`, das Zauberland ist jetzt abgebrannt
die Menschen gehen bis in alle Ewigkeit mit dem „Teufel" Hand in Hand
Zerbrochen ist der wunderschöne, liebevolle Ort
das „Böse" schafft überheblich lachend die vielen Leichen fort
diejenigen die übrig blieben
versklavt, gefoltert lernen niemals zu lieben
kein Recht mehr auf Wahrheit, Gerechtigkeit und Freiheit
nur noch Kummer, Ärger, Angst und Neid
Maikäfer flieg`, aber wohin
jetzt macht Fliegen auch keinen Sinn
der schöne Maikäfer ist nun tot
Trauern, Weinen, auch da besteht ab jetzt ein ewiges Verbot

Die geheimnisvolle Liebe steht für die stärkste Zuneigung und Wertschätzung
eine intersubjektive Anerkennung, eine universelle Vernetzung
ein emotionales Liebhaben, ein warmes angenehmes Begehren
ausgedrückt durch eine tätige Zuwendung, die wir gerne bescheren
eine Hinwendung zum Anderen mit Aufmerksamkeit und Zärtlichkeit
alles tun sollte aus Liebe entspringen, am besten mit viel Fröhlichkeit
es gibt die Liebe als tiefe Vertrautheit, mit bindender Zuneigung, im Familienverbund
mit liebenden Eltern und Geschwistern läuft die Sache rund
auch erhältlich als Geistesverwandtschaft
ausgedrückt durch Freundesliebe und Partnerschaft
helfendes Handeln zum Wohl der Menschen als Nächstenliebe
achtsam, behutsam anschieben die zarten Knospen, die kleinen Liebestriebe
ersichtlich durch Komplimente, Rituale, Kosenamen, Küssen und Liebesbrief
man bewegt die Welt auf einfache Art und Weise sehr sinnlich und tief
die erste Liebe scheint zur einzigen im Ewigen und Unendlichen auserkoren
in der zweiten Liebe, nach einer Weile, geht der höchste Sinn verloren
dennoch in Gegenwart von Kindern sollte man Liebe stets bewahren
lehren wir Liebesfähigkeit beschützen wir die kleinen Lieben vor Gefahren
089   eine Atmosphäre der Angst bremst den Liebesfluß aus
gefährliche Abgrenzung, energiezehrende Lieblosigkeit ergibt sich daraus
die Liebe zu Gott macht betrunken, es folgt Idealisierung und Liebeswahn
die Massen verrennen sich, so wird Liebe vertan
das schlimmste Schlimme erscheint immer noch als Liebe
es ist wie ganz viel wenig Liebe, ein Ausdruck der Seelendiebe
Gefühls, Willens und Tathandlung uneigennützig angewandt
so schließt sich der spirituelle Kreis, man schmiedet das tiefsinnige Band
aus Liebe entspringt Wahrheit, Gerechtigkeit und Freiheit
begleitet von Lachen, Entspannen, dem Positivem das befreit
es erfordert viel Kraft und Mut sich immer wieder für die Liebe zu entscheiden
der Lohn, unendliche ewige tief erlebte Liebe, lässt sich dann nicht vermeiden
die stärkste Liebe kommt natürlich von einer Mutter
als unauslöschliches, alles belebendes transzendentes Futter
einfach mal ein bisschen Liebe zulassen
und sich viel mehr mit unseren Kindern befassen
die Liebe erscheint uns oft unerträglich in ihrer Vergänglichkeit
doch als wiederkehrende Energie bereitet sie tröstende belebende verborgene Schönheit

Zauberland wacht auf
und ändert abermals der Welten Lauf
als Zauberland abbrannte
wegen der Menschen Schande
sammelte sich trotzig eine andere neue magische Bande
durch unendlichen Schmerz und Leid gegangen
sie lassen sich nicht mehr von Kummer, Ärger, Eifersucht und Angst einfangen
ein kindliches liebes Aufbegehren
lassen ihr Herz nicht mehr mit bleierner Lieblosigkeit beschweren
sie kennen und bedienen sie
die geheimnisvolle zauberhafte Wassermagie
wie die Kinder sein und werden
so verstummt die überflüssige Angst auf Erden
das Böse, Unvollkommene hat für alles einen furchteinflößenden Namen
es sprengt jeden noch so friedlichen „Wohl sein" Rahmen
in Unvollkommenheit werden Armeen, Soldaten wie Figuren aufgereiht
der Teufel in uns geht wie immer zu weit
von Krankheit und Viren dezimiert
das Böse an Bosheit verliert
mit ganz viel Liebe zurück zu den Wurzeln
und die Sterberaten purzeln
mit Vorsicht und Bedacht teilen
eine geeinte Menschheit darf weiter verweilen
der bösartigste Virus verflüchtigt sich, wird vergessen
die Menschen lieben wieder, wirken weniger besessen
im Zauberland steigt eine magische Feier
vorbei die trübe dunkle Leier   090
die Menschen, wie so oft, anpassungsfähig und erfindungsreich
das Wasser schmeckt nun wieder sinnlich und weich
alle lachen und reichen sich die Hand
jetzt trommelt das Gute, Vollkommene im Zauberland
also bedient sie die kindliche Magie
und triumphiert geschlossen wie nie

Auwei, was geht da ab, bei den Spinnen und Schlangen?
sind völlig wahnsinnig um´s Klopapier am Bangen
sie zischen und giften sich an
pirschen sich hinterlistig und gemein an die Beute ran

für Geld interessiert sich heutzutage keiner mehr
Klopapier auf dem Schwarzmarkt zu bekommen ist unglaublich schwer
jetzt findet eine neue Währung statt
für jeden Arsch, am Tag, nur ein Blatt

jeder Wischvorgang wird peinlich genau registriert
wenn da mal keiner den Verstand verliert?
man baut nicht mehr sein eigenes Häuschen
hart umkämpft ist jedes Klopapierpäuschen
und nimmt sich doch mal einer zwei
hängt man ihn auf oder schlägt ihn zu Brei
nach dem altbekannten Motto: „Klopapier macht frei"
jetzt treten neue Krankheiten wie „DBS" auf
„DoppeltBlödStinken", wehe einer legt ein Blättchen drauf
der tägliche Gang auf`s Klo
erreicht ein bedrohliches beschießenes Niveau
die Zivilisation wird an den existentiellen Rand gedrängt
weil man zu Ostern und Weihnachten Klopapier verschenkt
und gehen die dummen Ärsche leer aus
entsteht vielleicht der „Dritte Weltkrieg" draus
so manch einer macht jetzt eine Hungerkur
mein Arsch bleibt sauber, ich bin stur
selbst der COVID-19 Virus wird vergessen
Klopapier bunkern macht richtig besessen
das letzte Hemd hat bekanntlich keine Taschen
ein möglicher letzter Wunsch: „Ich will Klopapier naschen"
und hat der Wahnsinn sein Höchstniveau erreicht
dann produziert man kleinere Blättchen frisch und ungebleicht
selbst im „Roten Viertel" sind sich die Damen am Beschweren
weil dumme „Männerärsche" nur noch Klopapierblättchen ehren
die traurige Klimaerwärmung kommt ins Stocken
alle Ärsche wollen nur mit Klopapier abrocken
auch Magier zaubern nun mit Klopapier
erst eins, dann zwei, dann drei, dann vier
von Angst gelähmt, die Füße schwer wie Blei
gut durchwischen macht halt wohltuend frei
und bleibt doch mal etwas zu tief stecken
muss es halt der Nachbar abschlecken
hoffentlich tut keiner verrecken

also lasst euch bitte vorher gut durchchecken
nach langem Bangen gibt es wieder zwei, dann drei
man schlägt euch erst beim vierten Blättchen entzwei
die Drogen bleiben liegen auf allen Feiern
weil alle nur nach Klopapier Geiern
einige halten den Wahnsinn dann doch nicht aus
und ziehen die Wurst mit bloßen Händen raus
die Gebeutelten schicken die Scheiße
dann ganz leise ohne Blättchen auf die Reise
neue Berufe werden erfunden
Security dreht fürs Scheißen Runden
der „Klopapierbewacher“
nur ein Blättchen und ein Lacher
ab jetzt ist Geld scheiß egal
weil ich lieber bar mit Klopapier bezahl`
die alte Welt vor dem Zusammenbruch
Klopapiernotstand ein schlimmer Fluch
es werden neue philosophische Richtungen entstehen
wir lernen Klopapier besser zu verstehen
die Komiker lassen es nur so krachen
vielleicht kann man Scheiße auch einfach fort lachen
in der Kunstwelt lässt man tolle Objekte reifen
auch Kunstliebhaber wollen Klopapier begreifen
der COVID-19 führt zwar zu unschönen Problemen
die Leute sollten sich viel mehr für ihr Verhalten schämen
es ist besser dem Virus zum Opfer zu fallen
bevor dunkle Armeen mit fürchterlichen Waffen knallen
ich bitte einen jeden um Solidarität
und das von früh bis spät
eins ist klar, „mit Sicherheit gibt es nur Unsicherheit“
seid liebevoll zu allem bereit
und bewahrt die Verhältnismäßigkeit
verkneift euch beim Scheißen die Gier, den Neid
auch in einer so furchteinflößenden Zeit

gebt aufeinander acht
und schaut das jedes Kind mal herzhaft lacht
die vermeintlich Kleinen und Schwachen scheinen nicht so betroffen
na das lässt doch hoffen   091
bekommen die Menschen ihre kollektive Angst in den Griff
dann dreht es sich weiter, das „Supererdentraumraumschiff"
manchmal muss man mutig sein
mit magischer Nächstenliebe findet es sich ein
der COVID-19 Virus wird schon abbiegen
einfach nach dem Scheißen den Arsch wieder lustig hoch kriegen

Darf man das? So etwas ist doch verboten?
Da beschweren sich doch die (Voll)Idioten?

Gefunden mit der geheimnisvollen Wassermagie777 von Thomas Spiegl,
Stand 27.3.2020
magischer-dichter777@web.de
www.magischer-wasserspiegl777.de

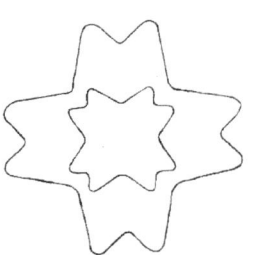

Liebe Prinzessin Johanna, hier ein bisschen emotionales Startkapital
weil ich damit die Engel im Himmel bezahl`
findet sich, so wie Du bist, ein Engel auf Erden
nimm` ich den doch gerne für eine Weile zum Weggefährten
ich erinnere mich an unseren ersten Blickkontakt
meine anstrengende Welt war wieder in Takt
ich bemerkte sofort deine Neugierde, dein kluges „Wach sein"
ein Mensch mit Herz und Verstand, ich find`s fein
ich wünsche Dir jetzt viel Geduld und Kraft
und dass man dein gutes Herz nicht hinweg rafft
ich wünsche Dir inneren wie äußeren Frieden
laß´ Dir keine Unverschämtheiten bieten
verbringe viel Zeit mit deinen Kindern, deinen Lieben
halte Dich fern von den unglückbringenden Seelendieben
fürchte weder Krankheit und Tod
mit Geduld und Weitsicht bringst Du deine Welt immer wieder ins Lot
verweile schon mal im Moment
hör´ auf Dein Herz, weil es Deinen Weg schon kennt
achte auf Deine Grenzen
Füße hoch, auch schon mal Faulenzen
setzte Deine Ziele realistisch und erreichbar
hör´ auch Deine innere Stimme, Sie warnt vor Gefahr
solange wir uns verstehen
helfe ich gerne, wie ich kann, zu bestehen
dein Name Anna (A.N.A), bedeutet „Von Gottes Gnaden"
laß` Dich von niemanden verladen
geh´ unbeirrt Deinen Weg   092
ein gutes Lebensgefühl, ein gutes Auskommen ist dann der Beleg
nimm` Dir Zeit zum Träumen
und etwas weniger vor Wut überschäumen
liebe Johanna, schön dass es Dich gibt
paß´ gut auf Dich auf, weil der Thomas solche Menschen schätzt und liebt

Der Regenbogen, ein himmlisches göttliches Zeichen?
ich werde euch jetzt ein, mein Verständnis dafür reichen
nüchtern physikalisch gesehen
ist es ein atmosphärisch-optisches Phänomen
das Zentralgestirn im Rücken
den Blick nach vorne gerichtet zu unserem Entzücken
bescheint die Sonne eine Regenwand
entsteht ein magisches kreisförmiges Lichtband
gute Lichtverhältnisse erzeugen einen Nebenregenbogen
in farblich umgekehrter Reihenfolge, himmlisch` geglättete Wogen
ein Regenbogen erscheint in sechs Farben
an seinem Ende kann man Gold ausgraben
der Regenbogenmythos, immer wieder neu und eigenständig erdacht
göttliche Ausstrahlung, absolute überirdische optisch veranschaulichte Macht
in allen Gesellschaften geheimnisumwittert manifestiert
in der Kunstwelt als Motiv garantiert
Mondregenbogen, Nebelregenbogen, Taubogen, Zwillingsregenbogen
Spiegelbogen, beim Tag träumen wird anmutig abgebogen
wenn uns das Universum solch ein wunderschönes Zeichen reicht
fühlen wir wie uns positive Energie, Zauberei beschleicht
der Zeitpunkt ist entscheidend beim individuellen Deuten
haltet inne, zentriert euch beim Betrachten der übersinnlichen Freuden
ein Regenbogen verzaubert alle Kinder
sie sagen dann: "So etwas sieht doch ein Blinder"
fühlt in euch hinein   093
lasst es für einen Moment einfach mal Liebe sein
der unvergessliche Anblick erzeugt belebende Energie
seit dankbar, genießt die heilende optische Magie
und müsst ihr eines lieben Tages über die Regenbogenbrücke schreiten
seit ihr in Unendlichkeit vereint, befreit von allen Leiden
mit Phantasie möchte ich euch jetzt das schönste Regenbogenherz schenken
und einen magischen bunten Lichtstrahl in eure Seele lenken

Liebste Johanna, sollten sich unsere Seelen vereinen
werden alle Wasserfälle vor Freude weinen
unsere Liebe verursacht das stärkste Erdbeben
wir werden die Stimmung mächtig heben
es entsteht der größte Wirbelsturm
ich bau` meiner Prinzessin ein Schloß mit Aussichtsturm
das Nordlicht, die Aurora reicht bis zum Äquator
der verliebte Thomas zaubert aus vollem Rohr
die Erde kommt aus der Umlaufbahn
vor lauter Liebeswahn
und beim Frühstücken
werde ich dir immer den Mond vom Himmel pflücken
die Sonne kommt ins Schwitzen
wenn wir vor Liebe überhitzen
die Milchstraße dreht sich schneller
Supersterne explodieren noch heller
selbst das Universum kommt ins Wanken
jetzt öffnen sich alle Dämme, heben sich alle Schranken
Raum und Zeit, alle Dimensionen vereinen sich
absolut perfekte Seelenverwandtschaft unterm Strich
liebste Johanna, für Dich lege ich überall den schönsten Regenbogenteppich aus
und jetzt machen wir etwas Superschönes draus
ich möchte es mir einfach erlauben
unendlich und ewig an Dich zu glauben
ich bin vor lauter Liebe wie benommen
ich seh´ schon alles verschwommen
liebe Prinzessin Johanna dich gibt es nur im Quartett
ich find`s nett   094
mir wird jetzt ganz warm um`s Herz
das Gedicht hier ist der Welten schönste Liebeserklärung und kein Scherz

Wegen Dir liebe Prinzessin Johanna habe ich Schmetterlinge im Bauch
ich hoffe Du auch
die Schmetterlinge sollen frei und selbstbestimmt fliegen
sie können jeden Weltschmerz besiegen
ich habe gerade Prinzessinnenfieber
Deine Gegenwart wäre mir lieber
ich fühle ein warmes liebes Begehren
ich trage Dich auf Händen, möchte Dich liebevoll ehren
für Dich da zu sein macht mich unendlich stark
laß` die anderen erzählen, sie reden nur Quark
für Dich überwinde ich jeden Schmerz
und erlaube mir schon mal einen lustigen Scherz
ich bin tief berührt von deinem rebellischen Wesen
ich bin sooooooo verliebt, als wäre da nie etwas anderes gewesen
ich habe es versprochen, zum Frühstück pflücke ich Dir den Mond
und vorm Schlafen gehen wirst Du mit einem Stern belohnt
Du bist so stöhn
ich find`s schön
mein Verstand setzt immer wieder aus
ich glaube morgen kommt der Nikolaus
ich möchte mit Dir die wertvolle Lebenszeit teilen
und an unserer tollen Zukunft feilen
mit Fantasie sehe ich einen großen schönen Regenbogen über der Erde
Du bist und bleibst mein Allerliebester Seelenweggefährte
ich möchte Dich genießen, mit Dir die Liebe feiern
gemütlich zusammen sitzen an geheimnisvollen Tümpeln und Weihern
so verliebt war ich noch nie   095
meine Welt liegt Dir zu Füßen, auch meine zauberhafte Magie
Du bist für mich der allerschönste Eiskristall
hier im Weltall, in meinen Träumen fliege ich mit Dir Überschall
ich möchte immer wieder alle Sorgen beiseiteschieben
um Dich tief und leidenschaftlich übertrieben zu lieben

Der ewige Kreislauf, das auf Erden Wiederkehrende
beschrieben durch Regen und Wasser, das Leben bescherende
Regen fällt geheimnisvoll und wandelbar
seit Anbeginn der Zeit scheint fast jede Form verhandelbar
Wasserdampf vom Meer kondensiert zu mächtigen Wolken
wir können ihren Lauf bis zum Horizont folgen
irgendwann wird die eine oder andere Wolke dem Himmel zu schwer
und regnet sich schon mal bis zur Selbstaufgabe leer
ein frischer belebender Geruch liegt in der Luft
ein göttliches Aroma, lebensspendender betörender Duft
im Winter ganz sinnlich und leise
geht Regen, Wasser als Schnee auf seine nicht endend wollende Reise
von Bergen und Anhöhen fließt Wasser zu Tal
der geringste Widerstand ist seine vorgegebene Wahl
was als unscheinbares Rinnsal, als verspielter Bach begann
strömt jetzt in riesigen Wassermassen unaufhaltsam heran
unvermeidlich majestätisch vorwärtsstrebend zum Weltmeer
passiert die Urgewalt so manches von Menschenhand erbautes Wehr
magisches zauberhaftes Wasser war auf Erden schon alles gewesen
der Dirigent, als Grundbaustein für die anmutige Schöpfung auserlesen
auch unsre Sehnsüchte reihen sich endlos in den ewigen Kreislauf ein
das Nichterfüllen empfinden wir schon mal als gemein
solange es geht sollten wir dynamisch und mutig mit dem Geist schalten
nicht gewollte Bewegung, Veränderung lässt sich genauso wenig aufhalten
widerwillig setze ich meine liebste Prinzessin auf die schönste aller Wolken
unterschreibe den Abschied mit Tränen, kann nur bis zum Horizont folgen
alleingelassen, trauernd wünschte ich, die Wolke kehrte wieder   096
und mein Seelenweggefährte ließe sich dauerhaft bei mir nieder
nach zu vielen Verletzungen muss ich niedergeschlagen loslassen
mein Herz samt Verstand rebelliert, will es nicht fassen
sehnsüchtig wie jedermann warte ich nun bis der nächste Regen fällt
und vielleicht ein anderes Lebenslicht meine Seele erhellt

Es ist besser sich, mit einem starken inneren Glauben, zu wandeln
als ratlos, tat los, nichtssagend den ewigen Übertritt auszuhandeln
nur wer bereit ist jederzeit zu sterben
darf eventuell noch einmal das Leben bescheiden beerben
die äußere Schönheit kehrt sich dann zur inneren Schönheit
das anzunehmen fällt schwer, aber es befreit
alle endlosen Sehnsüchte spüren
man lässt sich nun von eigener gefundener Erfahrung, Weisheit führen
in absoluter Ruhe bricht das Unaussprechliche in die Sichtbarkeit
die Schutzengel geben göttliches Geleit   097
ist das Tor zum Himmel einmal weit aufgestoßen
können wir auf Erden mit dem Geist alles neu auslosen
mit provoziertem Glück und der richtigen Wahl
endet vorerst die irdische Qual

Liebste Johanna, ich war wohl zu Unrecht tüchtig eifersüchtig
dummerweise schon aus deinem Leben visuell flüchtig
ich würde es gerne beibehalten, ich bin nach Dir richtig süchtig
also ich hole Dich jetzt von Deiner Wolke hinterm Horizont zurück
ich wünsche es bringt uns beiden das ersehnte Glück
heute bist zum 5 mal 40 Jahre alt geworden
ich entschuldige mich und verleihe Dir erneut den Prinzessinnenorden
ich wünsche das alle Deine Träume in Erfüllung gehen
ich würde Dich wirklich so gerne bei mir sehen
ich fühle Du kannst meine Bedenken verstehen
ich wünsche Dir die lieben, herzlichen weniger die materiellen Sachen
vergiss` nicht morgen mit Deinen Lieben lustig zu Lachen
für Deine prompte Rückmeldung danke ich auch von Herzen
in mir wohnt viel Liebe für Dich, damit lässt sich nicht scherzen
erneut willkommen in meinem Zauberland
Dich so lange nicht zu fühlen bringt mich einfach um den Verstand
Du wirst sehen, Du kannst dich auf mich emotional verlassen
ich würde so gerne mir Dir die kleinen Zauberer Luis Bespassen
gleich morgen früh schicke ich einen Wunschluftballon in die Atmosphäre
bestell` für dich die tollste Geburtstagsregenbogenfähre
die Fähre findet ihren Weg, wenn du möchtest, von ganz alleine zu mir
ich bin so gerne Dein Gedichtezaubertier
ich denke jetzt ist erst mal alles zwischen uns geklärt
und Dir wird ein superschöner realer Geburtstagsregenbogen beschert
Ich muss mich Schämen   098
die Eifersucht wollte mich dummerweise lähmen
zum heutigen Geburtstag lasse es mal so richtig feuerwerken
ich wünsche dieses Gedicht wird unsere Liebe dauerhaft stärken
entschuldige die emotionale Achterbahnfahrt
ich denke jetzt wird unsere Liebe auch real bewahrt
in meinem lieben Begehren für die Johanna Prinzessin
steckt halt doch gefühlt ganz viel Sinn drin
bitte Entschuldigung, mit meiner Geburtstagsgedicht Prinzessinnenhuldigung

liebste Johanna, ich habe Dir den Schlüssel zu meinem Herzen überreicht
des Lebens Last, sie weicht
ich bin von Dir am Tag träumen
ich möchte keinen Moment mehr mit Dir versäumen
ich wünsche gegenseitigen Halt
sicherlich erfüllen sich unsre gemeinsamen Wünsche bald
in meinen Leben führst Du jetzt Regie
Du steuerst nun meine zauberhafte Magie
bei mir ist jetzt dauerhaft Sehnsucht nach Dir gebucht
Deine Abwesenheit wird von mir verflucht
du weißt körperlich bin ich Zeitlupe, ehr bescheiden
doch mein Geist dominiert, zum Erstaunen, seit langem meine Leiden
ich bin sooooooo dankbar, Du nimmst mich wie ich bin
ich kröne Dich Prinzessin, du bist jetzt meine anbetungswürdige Königin
unsre Seelen sind vereint, das Universum hat`s verstanden
jetzt können auch ganz viele Kinder in unserem Zauberland landen
Du bist gefühlt die schönste Blume auf meiner Lebenswiese
anmutige Königin Johanna, ich wähle immer nur diese
es ist und bleibt erst mal alles bescheiden   099
Hauptsache Du, Deine Kinder und ich können uns gut leiden
ich fahr` auf dein tolles Wesen und Deinen wunderschönen Körper voll ab
ich kann`s kaum glauben, ich überschütte Dich mit Gold, nicht zu knapp
ich sehne mich nach Deiner Liebe und Zärtlichkeit
für dich Königin Johanna bin ich jederzeit zu allem bereit
und jetzt lasse uns fernab von allen Seelendieben
übertrieben tief und leidenschaftlich lieben
auf der Regenbogenbrücke findest Du wie immer unsre Regenbogenfähre
auf das ich Dich lange auf Händen trage und Dich liebevoll ehre
bleib` bitte ganz lange meine heiße Liebesmaschine
für meine Lebensblume bin ich auch gerne die überhitzte wirre Liebesbiene
also in diesem Sinn
die Zauberhafte Johanna ist jetzt eine, meine Superkönigin

Woher kommst du liebe Liebe? Ich bin einfach da. 23

Wann fühlst Du Dich am tiefsten an? In Ruhe und Stille.

Wann bist Du am reichsten? Wenn ich selbstlos gebe und mein Umfeld belebe. 77

Wie redest Du Liebe? Ich rede nicht, ich handle und liebe.

Wo wohnst Du Liebe? Tief verankert in allen Herzen, damit ist nicht zu Scherzen.

Wie kann man dich finden? In deinem Gegenüber. 7

Warum bist du so entsetzlich verletzlich? Ich erfordere Feingefühl und Geduld. 14

Liebe, bist Du wirklich wahr? Na klar. 100

Liebe, bist Du auch gerecht? Fair teilen ist mir angeboren, sonst geht alles verloren.

Liebe, warum möchtest Du frei sein? Weil ich mich nur so richtig entfalten kann. 61

Liebe, warum bist Du so mächtig? Weil ich das „Alles Bestimmende" bin. 21

Wo ist dein Platz im Universum? Ich bin die absolute Energie und Information.

Liebe, wie kann ich Dich bewahren? Indem Du achtsam und behutsam gibst. 49

Warum kümmerst Du Dich liebevoll um eine Einzelperson? Nur so kann ich wachsen

Liebe, hast Du Humor? Ich lache gern herzlich über lustige und spaßige Sachen 69

Liebe, magst Du Kinder? Was für eine Frage, so etwas sieht doch ein Blinder.

Liebe, erzähle mir etwas vom Tot! Keine Sorge der bringt Dich nicht in Not. 72

Liebe, verträgst Du Kritik? Ohne konstruktive Kritik kann ich nicht gedeihen.

Liebe, wie fühlst Du Dich an? Ich bin ein liebes, warmes, angenehmes Begehren. 81

Liebe, warum bist Du so vergänglich? Ich vergehe nicht ich kann mich nur wandeln.

Wie steht es mit der Angst? Eine Atmosphäre der Angst erstickt mich im Keim. 63

Liebe, bist du kreativ? Natürlich ansonsten geht alles schief. 99.

Liebe, sage mir deinen Namen? Hier und heute heiße ich für Dich ……….., na sowas

Durch das Streben nach Gerechtigkeit
entbrennt viel unnötiger Streit
oft scheint keine Lösung in Sicht
vielleicht hilft ja dieses Gedicht
Gerechtigkeit ist eine menschliche Tugend
von Geburt an verliert sie sich oft in der Jugend
gleiches wird wie gleiches behandelt
ungleiches wird ungleich neu verhandelt
Gerechtigkeit erscheint als göttliche Größe
auf Erden geben wir uns damit leider allzu oft die Blöße
das Prinzip Gerechtigkeit ist in der Natur schon angelegt
es erkennen, danach streben, fair teilen bewegt
eine Gesellschaftsform ist dann gerecht ausgestaltet
wenn sie ihre Individuen im Guten wie im Schlechten frei verwaltet
Gerechtigkeit im gesellschaftlichen Zusammenleben als Grundnorm
weniger Egoismus und Selbstsucht bringt die Sache in Form
nicht an abenteuerliche Theorien glauben
lasst euch auf gar keinen Fall den siebten Sinn dafür rauben
das Begehrende, Muthafte, Vernünftige sollte im richtigen Verhältnis stehen
unerschrocken selbst andere neue Wege gehen
Gerechtigkeit lässt sich schlecht erzwingen   101
auf seine innere Stimme hören, damit wird es gelingen
unsere Wertvorstellungen überdenken, anfechten
damit wird es hoffentlich zu etwas Gerechtem
bleiben Menschen und ihre Gesellschaften nicht gerecht
werden Rebellionen, Kriege heraufbeschworen, bis zum letzten Gefecht
Wahrheit und Ehrlichkeit leben
dem Einzelnen selbstverständlich seine Freiheit geben
die Menschheit auf eine neue Bewusstseinsstufe heben
gefühlte Gerechtigkeit
ist und bleibt
das Göttliche, das Universum unterschreibt

Freiheit, die Möglichkeit ohne Zwang zwischen Möglichkeiten zu entscheiden
und psychologischen, sozialen, politischen Veränderungen den Weg bereiten
„der eigene Hals gehört einem selbst", so die germanische Sicht
zentraler Begriff menschlicher Ideengeschichte, unverzichtbar vor Gericht
die Gemeinschaft gegen feindliche Übergriffe von Dritten verteidigen
den inneren friedlichen Zustand mit Gleichberechtigten vereidigen
Handlungsfreiheit gewähren wenn es dem Willen einer Person entspricht
körperliche und psychische Lähmung ist etwas woran Freiheit zerbricht
politische Debatten, zahlreiche Aspekte, bewußt eingesetzte Strategien
dadurch wird positive und praktische Willensfreiheit allen Menschen verliehen
die Möglichkeit zur Selbstverwirklichung durch positive Freiheit
mit rationaler Auswahl entsteht Souveränität, der Himmel gibt freies Geleit
der Schlüssel zur Freiheit ist Erziehung und Bildung
das bringt den „Freien Willen" erst so richtig in Schwung
nur für die Mächtigen in Bewegung gehalten, seit Kindesbeinen
keiner soll nachdenken oder sich in Freiheit vereinen
Freiheit darf nicht ein Privileg der Oberschichten und Gebildeten sein
nur mit gelebter, geliebter Demokratie findet sich Freiheitsempfinden ein
den Menschen Zeit schenken
ein jeder könnte über kunstvolle freiheitsliebende Objekte nachdenken
als Standard Schulfach, Freiheit und die Konsequenzen
und die anderen langweiligen Stunden schwänzen
jedes kleine Kind will frei sein, sie sagen dann: "alleine, alleine"
wenn sie wissen was ich meine   102
In Freiheit entwickelt sich der Nachwuchs gut
damit läßt sie nach, die kollektive chaotische zerstörerische Wut
Menschen unverhältnismäßig ihrer Freiheit berauben
die Menschen verlieren ihren wertvollen gerechten Glauben
in Freiheit entsteht Ehrlichkeit und Wahrheit
man verschafft sich gegenseitig entlastende Klarheit
der „Freie Wille" ist vom Universum, von Gott vorgegeben
einfach danach streben und konsequent leben

Allerliebste Johanna Asia, jetzt ist es soweit
auch nach so viel Leid und Streit
ich möchte den Blick auf das Positive richten
ich kann und will nicht auf Dich verzichten
unsere gemeinsame Lebenszeit ist so wertvoll
Dir nah zu sein, Dich zu lieben, ich find`s toll
ich möchte Dich, solange ich bin, gut versorgen
Dir viel Freude und Sonnenschein borgen
ich hinterfrage weiterhin, möchte aber vertrauen
und mit Dir nach Deinen lieben Kindern schauen
Du bist für mich eine, meine Göttin
wir haben uns gefunden, ich fühle es macht Sinn
bitte liebe Asia werde meine Frau   103
bleib` wie gehabt feinfühlig, klug und schlau
ich hoffe Du kannst auch zukünftig meine Fehler verzeihen
und bitte nicht die Stimme erheben oder anschreien
ein, mein Heiratsantrag, Du musst Dich jetzt nicht entscheiden
mir war es unglaublich wichtig Dir meine Liebe zu unterbreiten
den Ring gibt es leider nur als Symbol, als Zeichen
du darfst ihn Dir selbst aussuchen, Du stellst jetzt die Weichen
es war unvermeidlich Dich kennenzulernen
ich reiche Dir den schönsten von allen Sternen
ich habe Dir nun das siebte Gedicht geschrieben
meine Königin Johanna Asia, nur Dich will ich lieben

Schönheit, Wellness und vor allem Schuhe
versteh` einer unser Frauengetue
ich will die Allerschönste sein
ich liebe bunte modische Kleiderlein
ich hab´ den höchsten Absatz
ich angel` mir den attraktivsten Schatz
ich liebe es ausgefallen und neu
auf das ich dafür keine Mühen scheu
ich bin ein anmutiger Blick
ich kenne jeden optischen Trick
für meinen Schmuckkasten
bin ich am Fasten
ich kann alles und jeden verzaubern
bin auf Partys gerne am Klabautern
bin oft am Shoppen
meine Kauflust kann keiner stoppen
ich habe 237 Paar Schuhe
trotzdem gebe ich keine Ruhe
beim Ankleiden morgens kann ich mich nicht entscheiden
sieben große Schränke, 1 Stunde täglich leiden
bin mich gerne am Messen
ich mache alle richtig besessen
ich habe die Qual der Wahl
weil ich mit dem Wippernschlag bezahl`
Frau sein ist leicht wie schwer
ich liebe das sonnige Urlaubsmeer
von Klamotten kann ich mich nicht trennen
Verlust lässt mich nicht pennen
ich liebe der Moden letzter Schrei
ich bin eine Königin, Göttin, es bleibt dabei
Lieber Gott laß´ es Schuhe regen
dafür werde ich dich segnen
jetzt ist erst mal Schluss   104
Frau sein, was für ein Genuss

Am 1.8.2019 habe ich im Krankenhaus eine Skizze angefertigt und 21 Tage später hat mir mein Jugendfreund Christian dieses Bild gemalt. Ich habe sofort den esoterischen Wert dieses wunderschönen Bildes erkannt. Meine war Deutung sofort.
Wie bei meiner Erkrankung, bösartiger Tumor in der linken Leiste. Meine Lebensenergien werden blockiert. Man sieht die Erblast auf dem Wasserfall. Schlechte destruktive Energie von Generationen übertragen. Das Bild entspricht meinen Zauberland777.
Ich führe dort mit liebevoller Fantasie visuelle Handlungen durch, die dann auch zu meiner Stabilität beitragen. Vollständige Heilung kann bei mir nicht mehr eintreten, aber ich kann mich noch einmal mitteilen und wertvolle Lebenszeit gewinnen. Im September 2019 führte ich eine Manipulation auf dem Bild durch, ich zauberte den bösartigen Tumor weg. Ich schirmte ihn spirituell ab. Es war sofort im Krankenhaus bei der CD-Untersuchung (Röntgen) ersichtlich.
Ich bin der Meinung das man Krebs oder andere schwere

Erkrankungen mental beeinflussen kann oder sogar die Entstehung verhindern kann. Ein Zitat von Herrn Einstein:" Wissenschaft ist gut, Visualisieren ist besser". Man sollte versuchen beide Heilmethoden in ein gutes Verhältnis zu bringen. Das erfordert viel Feingefühl, Disziplin und Mut. Keiner kennt die letzte Wahrheit oder Antwort in Bezug auf Genesung. Es hängt oft von vielen Faktoren ab. Man benötigt ein stabiles Umfeld mit der entsprechenden Motivation.

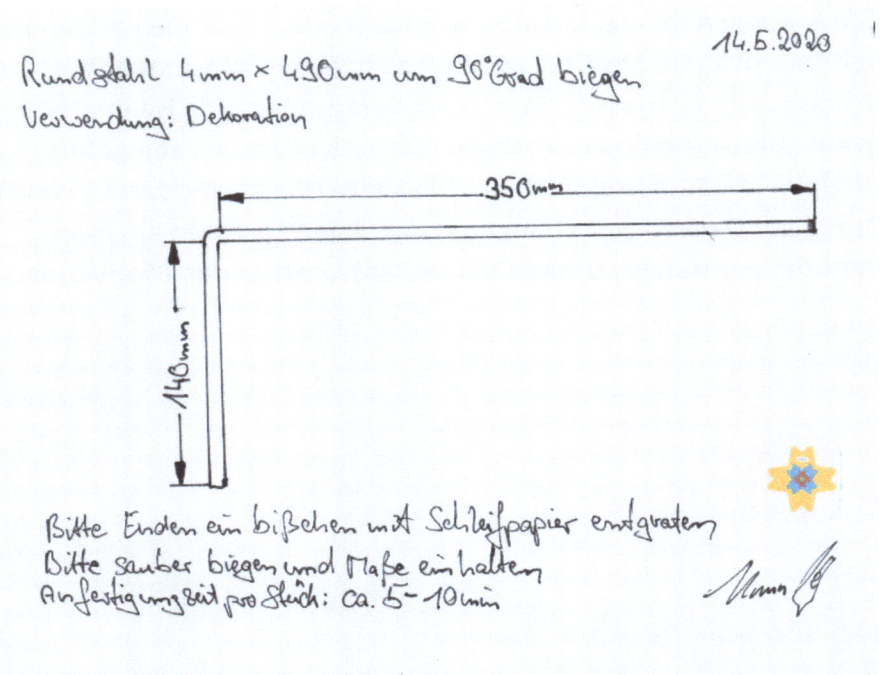

Rundstahl 4mm × 490mm um 90°Grad biegen
Verwendung: Dekoration

350mm

140mm

Bitte Enden ein bißchen mit Schleifpapier entgraten
Bitte sauber biegen und Maße einhalten
Anfertigungszeit pro Stück: ca. 5-10min

14.5.2020

Hier eine Zeichnung nach der sich eine magische Wünschelrute aus Stahl oder reinem Eisen anfertigen lässt. Die magische, vollkommene Zahl 7 ist die gebogenen Stahlstangen eingebucht.
Der Griff. 14cm = 2-mal die 7.
Die Fühler. 35cm = 5mal die 7.
Gesamt 7-mal die 7.
Eine Wünschelrute in den Händen eines Menschen ist nichts anderes als ein analoges Strommessgerät im Millivoltbereich.
Man kann noch eine magische 23 mit einer Feile eingravieren. // ///
Die Stahlstangen haben einen Durchmesser von 4mm oder 7mm.
Am besten wäre reines Eisen. Stahl wird durch den enthalten Kohlenstoff hart. Kohlenstoff ist aber schon mal als lebendige Materie aktiv gewesen. Die spirituellen Informationen, die der Kohlenstoff enthält, könnten das Ergebnis schon mal beeinflussen.
Es funktioniert aber auch so sehr gut. **2377**